PITADAS
da Rita

RITA LOBO

PITADAS
da Rita

RECEITAS E DICAS PRÁTICAS PARA
DEIXAR O DIA A DIA MAIS SABOROSO

Panelinha

Copyright © by Rita Lobo, 2016

Grafia atualizada segundo o Acordo Ortográfico da Língua Portuguesa de 1990, que entrou em vigor no Brasil em 2009.

PUBLISHER Rita Lobo
DIRETOR Ilan Kow

CAPA E PROJETO GRÁFICO Joana Figueiredo
DIAGRAMAÇÃO Joana Figueiredo e Gustavo Bacan
FOTOS Editora Panelinha
PREPARAÇÃO Amanda Maia
ÍNDICE REMISSIVO Luciano Marchiori
REVISÃO Angela das Neves e Ana Maria Barbosa

Dados Internacionais de Catalogação na Publicação (CIP)
(Jeane Passos de Souza - CRB 8ª/6189)

Lobo, Rita
 Pitadas da Rita : receitas e dicas práticas pra deixar o dia a dia mais saboroso / Rita Lobo. -- São Paulo : Editora Senac São Paulo; Editora Panelinha, 2016.

ISBN 978-85-396-1108-9

1. Culinária 2. Culinária prática (receitas e preparo). I. Título.

16-426s   BISAC CKB101000
           CDD-641.5

Índice para catálogo sistemático:
1. Culinária prática (receitas e preparo)   641.5

ADMINISTRAÇÃO REGIONAL DO SENAC NO ESTADO DE SÃO PAULO
PRESIDENTE DO CONSELHO REGIONAL Abram Szajman
DIRETOR DO DEPARTAMENTO REGIONAL Luiz Francisco de A. Salgado
SUPERINTENDENTE UNIVERSITÁRIO E DE DESENVOLVIMENTO Luiz Carlos Dourado

EDITORA SENAC SÃO PAULO
CONSELHO EDITORIAL Luiz Francisco de A. Salgado, Luiz Carlos Dourado, Darcio Sayad Maia, Lucila Mara Sbrana Sciotti, Luís Américo Tousi Botelho
GERENTE/PUBLISHER Luís Américo Tousi Botelho
COORDENAÇÃO EDITORIAL Ricardo Diana
PROSPECÇÃO Dolores Crisci Manzano
ADMINISTRATIVO Verônica Pirani de Oliveira
COMERCIAL Aldair Novais Pereira
IMPRESSÃO E ACABAMENTO Gráfica Maistype

Proibida a reprodução sem autorização expressa
Todos os direitos desta edição licenciados à Editora Senac São Paulo
Av. Engenheiro Eusébio Stevaux, 823 – Prédio Editora
Jurubatuba – CEP 04696-000 – São Paulo – SP
Tel. (11) 2187-4450
editora@sp.senac.br
https://www.editorasenacsp.com.br

Todos os direitos reservados à Editora Panelinha
Al. Lorena, 1304 cj. 1112 • CEP 01424-000 • São Paulo • SP
TEL. + 55 11 3062-7358

www.panelinha.com.br
panelinha@panelinha.com.br

A receita deste bolo de laranja está na p. 192.

A Elisabeth Juliska Rago, minha mãe, que nunca deu muita bola para cozinha, mas conta histórias de um jeito tão delicioso que deixa a mesa cheia de sabor.

NESTE LIVRO VOCÊ ENCONTRA:

DRINQUES (E SUCO VERDE)

Americano ou Negroni?	232
Caipirinha com um toque irlandês	125
Caipirinha de carambola com maracujá	181
Clericô verde	73
Drinques com vinho do Porto	34
Mojito perfumado	99
Musse de batida	159
Piña Colada	174
Prefere o Negroni?	232
Suco verde para desintoxicar	107

PETISCOS E BELISCOS

Aperitivo para quarta-feira	35
Beef tea para dias frios	231
Bruschetta de tomate	236
Caldinho de feijão	242
Camarão ao alho e óleo	40
Carne louca desfiada	228
Carpaccio com vinagrete de manga	187
Chips de banana aperitivo	282
Esse gelo é uma uva!	27
Focaccia de alecrim	189
Grão-de-bico aperitivo	276
Moqueca de camarão com farofinha de dendê	162
Pan con tomate	289
Pão australiano	286
Pasta de cebola caramelizada	77
Pasta de pimentão vermelho	244
Salada de cogumelo-de-paris fresco	121
Salada de feijão fradinho e bacalhau	238
Salada de melão orange com presunto cru	285
Salada quase mexicana	156
Sem caroço, com tempero	126
Sopa fria de ervilha fresca com hortelã	85
Tapenade vegetariana	127

você nunca mais vai querer amendoim! ⟵ (Grão-de-bico aperitivo)

ACOMPANHAMENTOS

Arroz com curry	180
Arroz com grão-de-bico e amêndoas	276
Cebola assada com alecrim	191
Chutney de coco com coentro	202
Chutney de manga	279
Cuscuz marroquino com grão-de-bico	112

Cuscuz marroquino com legumes e especiarias	43
Espinafre com passas brancas	102
Farofa de banana	203
Farofinha de dendê	165
Feijão caseiro	241
Geleia de damasco com laranja	254
Legumes crocantes	31
Legumes vermelhos para um cordeiro	248
Macarrão de forno com abóbora	30
O cuscuz básico	42
Pasta de pimentão vermelho	244
Purê de abóbora com ricota e curry	183
Purê de batatas	199
Risoto de damasco, queijo meia cura e limão	122
Risoto de ervilha e hortelã na pressão	88
Salada quase mexicana	156

esta pitada é imperdível! — Legumes crocantes

MOLHOS, VINAGRETES E OUTROS TEMPERINHOS

Azeite aromatizado com alho e alecrim	171
Balsâmico e limão	208
Chutney de coco com coentro	202
Chutney de manga	279
Gremolata	118
Leite de coco	160
Mediterrâneo	207
Mel e mostarda	209
Molho branco ou bechamel	259
Molho Caesar	209
Molho cremoso	209
Molho de pimenta em conserva	169
Molho oriental de gergelim	210
Molho oriental de missô	210
Molho rústico de tomate	256
Pasta de pimentão vermelho	244
Quer um molho? (molho de vinho para carnes)	249
Sem grumos	259
Tá pra peixe! (molho holandês)	56
Vinagrete básico	206
Vinagrete de chutney de manga	210
Vinagrete de shoyu	210

como salvar molho branco empelotado — Quer um molho?

ENTRADAS, SALADAS, CALDOS

Caldinho de feijão	242
Caldo caseiro de legumes	177
Caldo de carne	231
Camarão ao alho e óleo	40

Carne louca desfiada	228
Carpaccio com vinagrete de manga	187
Espinafre com ovo frito	104
Moqueca de camarão com farofinha de dendê	162
Salada de cogumelo-de-paris fresco	121
Salada de feijão-fradinho e bacalhau	238
Salada de laranja com azeitona e cebola roxa	130
Salada de melão orange com presunto cru	285
Salada quase mexicana	156
Sopa fria de ervilha fresca com hortelã	85

MASSAS, RISOTOS E TORTAS

Camarão com macarrão	41
Macarrão de forno com abóbora	30
Orecchiette com ervilha fresca e bacon	92
Panqueca de ricota e espinafre com molho branco	293
Pennette com tapenade	129
Quiche da Laurinha	212
Risoto de beterraba com feta e ervas	234
Risoto de damasco, queijo meia cura e limão	122
Risoto de ervilha e hortelã na pressão	88
Risoto de quê?	90
Talharim verde com brócolis apimentado e amendoim	133
Torta rústica ratatouille	136

PEIXES, AVES E CARNES

Bacalhau à Lagareiro	101
Bacalhau com purê perfumado com alho	39
Bacalhau do mar Vermelho	246
Camarão ao alho e óleo	40
Camarões grelhados com maionese caseira	280
Carne de panela com molho rústico	153
Carne louca desfiada	228
Carpaccio com vinagrete de manga	187
Carré de cordeiro com geleia de frutas vermelhas	275
Cheeseburger	266
Frango grelhado ao curry	179
Frango grelhado arrumado	111
Frango grelhado com óleo de coco e molho de iogurte	200
Hambúrguer	261
Peito de frango com molho de laranja	108
Peixe com tahine para o cuscuz básico	42
Picanha assada com sal grosso	196
Quibe de peixe com saladinha de pepino com iogurte	48
Quiche da Laurinha	212
Tagine de frango com damasco	268

ideias de combinações para compor o prato

modéstia à parte, é espetacular!

PRATOS PRINCIPAIS

pelo menos uma vez, faça este prato!

Bacalhau à Lagareiro	101
Bacalhau com purê perfumado com alho	39
Bacalhau do mar Vermelho	246
Camarão com macarrão	40
Camarões grelhados com maionese caseira	280
Carne de panela com molho rústico	153
Carne louca desfiada	228
Carré de cordeiro com geleia de frutas vermelhas	275
Cheeseburger	266
Curry cremoso	178
Cuscuz marroquino com legumes e especiarias	43
Eggs Benedict para dois	57
Frango grelhado ao curry	179
Frango grelhado com óleo de coco e molho de iogurte	200
Lasanha de berinjela com salada de tomatinho	290
Macarrão de forno com abóbora	30
Moqueca de camarão com farofinha de dendê	162
Orecchiette com ervilha fresca e bacon	92
Ovo mole e tiras de pão	194
Panqueca de ricota e espinafre com molho branco	293
Peito de frango com molho de laranja	108
Peixe com tahine para o cuscuz básico	42
Pennette com tapenade	129
Picanha assada com sal grosso	196
Quibe de peixe com saladinha de pepino com iogurte	48
Quiche da Laurinha	212
Risoto de beterraba com feta e ervas	234
Risoto de damasco, queijo meia cura e limão	122
Risoto de ervilha e hortelã na pressão	88
Tagine de frango com damasco	268
Talharim verde com brócolis apimentado e amendoim	133
Torta rústica ratatouille	136

comida americana com jeito brasileiro

SOBREMESAS E OUTROS DOCES

Abacaxi grelhado com licor de laranja	172
Arroz-doce perfumado com cardamomo	141
Biscoitos de gengibre	218
Bolinho de chuva com recheio de doce de leite	62
Bolo de chocolate de liquidificador com ganache de laranja	297
Bolo de laranja com glacê de água de flor de laranjeira	192
Bolo gelado de abacaxi	215
Bolo inglês com castanha-do-Brasil	252

bolo da minha infância!

Bolo pelado de castanha-de-caju com doce mamão verde ou naked cake brasileiro	66
Brigadeiro de micro-ondas	271
Brownie rústico com castanha-do-Brasil e cardamomo	53
Calda de chocolate pá-pum	54
Creme de chantili, o verdadeiro	54
Creme inglês	37
Doce de abóbora	272
Figo assado com vinho do Porto	35
Musse de maracujá com cardamomo	159
Pão de mel	204
Pudim de pão com vinho do Porto	36
Ricota com minipera grelhada	184
Sagu de vinho	250
Salada de frutas com tangerina	115
Sorvete de chá verde	117

para pudim de pão, pro sagu de vinho e bolos em geral

CAFÉ DA MANHÃ, CHÁ DA TARDE E LANCHE

Biscoitos de gengibre	218
Bolinho de chuva com recheio de doce de leite	62
Bolo de chocolate de liquidificador com ganache de laranja	297
Bolo de laranja com glacê de água de flor de laranjeira	192
Bolo inglês com castanha-do-Brasil	252
Cheeseburger	266
Eggs Benedict para dois	57
Granola básica	60
Ovo quente lisinho	61
Pão australiano	286
Salada de frutas com tangerina	115
Uma festa de sanduíche	155

que seja uma vez por semestre, não deixe de fazer

SERVE 2 PESSOAS

Bacalhau com purê perfumado com alho	39
Caipirinha de carambola com maracujá	181
Camarão ao alho e óleo	40
Camarão com macarrão	41
Camarões grelhados com maionese caseira	280
Cebola assada com alecrim	191
Cuscuz marroquino com grão-de-bico	112
Eggs Benedict para dois	57
Orecchiette com ervilha fresca e bacon	92
Peito de frango com molho de laranja	108
Purê de abóbora com ricota e curry	183
Risoto de beterraba com feta e ervas	234
Risoto de damasco, queijo meia cura e limão	122
Salada de feijão branco e bacalhau	238

uma incrível combinação de sabores

Salada de laranja com azeitona e cebola roxa	130
Tá pra peixe!	56
Talharim verde com brócolis apimentado e amendoim	133

SERVE 4 PESSOAS

Arroz com curry	180
Arroz com grão-de-bico e amêndoas	276
Bacalhau do mar Vermelho	246
Bruschetta de tomate	236
Carpaccio com vinagrete de manga	187
Carré de cordeiro com geleia de frutas vermelhas	275
Cheeseburger	266
Cuscuz marroquino com legumes e especiarias	43
Espinafre com passas brancas	102
Feijão caseiro	241
Frango grelhado ao curry	179
Frango grelhado com óleo de coco e molho de iogurte	200
Lasanha de berinjela com salada de tomatinho	290
Moqueca de camarão com farofinha de dendê	162
Pan con tomate	289
Panqueca de ricota e espinafre com molho branco	293
Pasta de cebola caramelizada	77
Pasta de pimentão vermelho	244
Pennette com tapenade	129
Quibe de peixe com saladinha de pepino com iogurte	48
Ricota com minipera grelhada	184
Risoto de ervilha e hortelã na pressão	88
Salada de cogumelo-de-paris fresco	121
Salada de melão orange com presunto cru	285
Sopa fria de ervilha fresca com hortelã	85
Tagine de frango com damasco	268
Tapenade vegetariana	127

SERVE 6 PESSOAS

Abacaxi grelhado com licor de laranja	172
Arroz-doce perfumado com cardamomo	141
Bacalhau à Lagareiro	101
Caldinho de feijão	242
Carne de panela com molho rústico	153
Carne louca desfiada	228
Chips de banana aperitivo	282
Doce de abóbora	272
Farofa de banana	203
Granola básica	60
Macarrão de forno com abóbora	30
Musse de maracujá com cardamomo	159

toda casa deveria ter essa receita no cardápio

Picanha assada com sal grosso	196
Purê de batatas	199
Quiche da Laurinha	212
Sagu de vinho	250
Salada de frutas com tangerina	115
Torta rústica ratatouille	136

SERVE 8 PESSOAS

Bolo de chocolate de liquidificador com ganache de laranja	297
Bolo de laranja com glacê de água de flor de laranjeira	192
Brownie rústico com castanha-do-Brasil e cardamomo	53
Molho rústico de tomate	256
Pudim de pão com vinho do Porto	36

TAMANHO ÚNICO

Americano ou Negroni?	232
Aperitivo para quarta-feira	35
Azeite aromatizado com alho e alecrim	171
Brigadeiro de micro-ondas	271
Calda de chocolate pá-pum	54
Caldo caseiro de legumes	177
Chutney de coco com coentro	202
Clericô verde	73
Com chorinho	55
Creme de chantili, o verdadeiro	54
Drinques com vinho do Porto	34
Esse gelo é uma uva!	27
Figo assado com vinho do Porto	35
Focaccia de alecrim	189
Gremolata	118
Homus a jato	113
Mojito perfumado	99
Molho de pimenta em conserva	169
O cuscuz básico	42
Peixe com tahine para o cuscuz básico	42
Piña Colada	174
Prefere o Negroni?	232
Sorvete de chá verde	117
Suco verde para desintoxicar	107
Caipirinha com um toque irlandês	125

serve quantas pessoas? 2, 3, 4 ou só você?

Maracujá pra relaxar com
estrelinhas de carambola pra delirar
na caipirinha da p.181.

INTRODUÇÃO

Uma pitada pode ser de sal, de pimenta, de canela na maçã, de alecrim na batata. Mas e uma pitada de canela na carne e outra de alecrim no abacaxi? Com um pouquinho de conhecimento, e um tanto de espírito aventureiro, tudo pode. Neste livro, porém, uma pitada é, acima de tudo, uma vontade de acrescentar algo especial ao momento. Pode ser na arrumação da mesa, na composição do prato, uma técnica culinária que facilite o preparo da refeição ou até na organização da cozinha – você vai ver que prato de bolo com pé vira um ótimo porta-temperos.

Mas não pense que pitada é pitaco, não! Pitaco, a gente sabe, é coisa de sogra. O conteúdo deste livro foi testado, aprovado e fotografado ao longo de quase dois anos do blog Pitadas, do site Panelinha. E também nas *Pitadas da Rita*, programete que apresentei na Rádio Eldorado. Junto com a minha equipe, a cada semana, escolhemos um tema para investigar e pesquisamos não apenas receitas, mas também ingredientes, utensílios, ideias de mesas, cardápios, sugestões de presente, livros. Tudo que tenha a ver com deixar a vida mais saborosa, em pitadas. Toda semana apresentamos *posts* diários no blog. E as receitas são todas testadas com o método Panelinha, que usa medidas-padrão, ingredientes acessíveis e tem o passo a passo minuciosamente explicado. (É para isso que testamos cada uma das receitas: só assim dá para descrever o pulo do gato e garantir que, em casa, o prato fique igualzinho ao da foto.)

Antes de você dar uma folheada nas próximas páginas, sugiro duas maneiras de usar o livro. Na primeira, você fecha os olhos, se concentra, abre uma página aleatoriamente e a resposta para o que você precisa, acredite, estará lá. *O que faço para o jantar?* Torta, peixe, cordeiro... Pode ser que apareça o suco verde para desintoxicar. Não desanime – e, falando sério, nem trate isso como um sinal, por favor. (Pular refeição, a gente já sabe, é péssimo para a saúde e não emagrece.) Mas brincar de oráculo é uma delícia – às vezes, só o que a gente precisa é de uma inspiração. *O que faço com a minha sogra? Ops, para a minha sogra?*

Nesse caso talvez seja melhor perguntar se ela tem alguma restrição alimentar, antes de consultar o livro.

Já na leitura mais convencional, página por página, você pode embarcar numa viagem comigo. Na hora de selecionar e rearranjar o conteúdo do blog e do rádio para o livro, me deparei com um arco-íris de fotos. Olhando na sequência tudo o que havíamos produzido, não pude deixar de enxergar uma divisão por cores. Fiquei entusiasmada com essa ideia de estruturar o livro de uma forma mais intuitiva e me joguei num processo cromático de juntar as receitas e pitadas em capítulos, cada um de uma cor, cada cor representando uma intenção, uma vontade. São quatro no total.

O primeiro, azul, é para se libertar e viajar na cozinha: receitas de cuscuz para dar um pulo em Marrakesh, ovos Benedict para fazer um brunch com sabores nova-iorquinos, bolinho de chuva para passear no tempo e voltar às férias da infância. No capítulo seguinte vamos fazer uma pequena pausa para reflexão e deixar a cozinha mais verde, a cor do consumo consciente. São receitas enxutas, ótimas para deixar o dia a dia mais saboroso, sem perder tempo na cozinha. Do frango grelhado, mas cheio de sabor, para o jantar da segunda até uma massa rapidíssima com tapenade para a sexta. Ah, e tem um monte de ideias de uso de ervas frescas – elas são um santo remédio contra comida sem sabor.

O passo seguinte nos leva a uma cozinha ensolarada, afetiva; é a vez do capítulo amarelo. Sabe aquelas receitas com jeitão de casa de mãe? Carne de panela, caldo de legumes, bolo gelado de abacaxi... Pois elas também são ideais para aquele almoço de fim de semana com os amigos. É comida que gosta de mesa cheia. Em seguida, abrem-se as cortinas para uma cozinha que mais parece um palco: no capítulo dos vermelhos as preparações são cheias de intensidade, têm um toque de insanidade e pitadas que transformam pratos do dia a dia em comida especial, cheia de charme. Vamos potencializar os sabores: tem salada de feijão com bacalhau, cordeiro assado, banana grelhada com raspas de limão, cominho e sal, pão australiano, até o arroz ganhou ervas e especiarias.

Você vai ver que a estrutura do livro não é nada ortodoxa: tem sobremesa antes do prato principal, drinque depois da entrada – e todas as receitas vêm com sugestão de trilha sonora. Apenas para esclarecer, não estou sugerindo que você sirva o café antes do prato principal dançando chá-chá-chá. Mas, para o livro, achei que essa organização não linear poderia ajudar a quebrar um pouco a rotina. Você nem estava pensando em convidar alguém para jantar, mas viu que o risoto de panela de pressão (que nem estava procurando) é tão surpreendentemente fácil que ficou com vontade de chamar mais gente para dividir a mesa.

A sogra? Seus pais? Seus irmãos? Sempre acho que convido os meus pais para jantar em casa menos do que deveria.

Além de receitas, fotos e pitadas, de vez em quando, você vai topar com umas croniquetas – acho que até as minhas crônicas têm nome de comida: *sai um chops e duas croniqueta bem fritinha*. São textinhos um pouco mais livres e soltos sobre comida, como, por exemplo, a minha relação ritualística com o cardamomo no fim de semana. Oi? Em todas as páginas, em cada uma delas, seja qual for o formato do conteúdo, meu desejo é sempre o mesmo: ajudar você a encontrar uma inspiração para a próxima refeição. E a refeição tanto pode ser um jantar especial, para comemorar os dois – ou vinte – anos de casados, como a variação para o frango grelhado do almoço de hoje. Tudo pensado para quem gosta de comer e cozinhar com estilo, mesmo quando não há muito tempo para ficar na cozinha.

Em tempo: a *sogra* aqui descrita não se trata da minha sogra, que tem pitadas ótimas e nunca deu um pitaco na vida do casal. No máximo, mas, no máximo mesmo, ela sugeriu um banho-maria na hora da dúvida ou mel na hora da briga. Aliás, olha aí a pitada: se o mel for puro, vai cristalizar; deixe o vidro em banho-maria, na água morna, e ele volta à consistência normal. Está pronto para o uso novamente, sem perder as qualidades nutricionais.

Antes de colocar o pé de volta na cozinha, uma última observação. Este *Pitadas da Rita* é o meu quinto livro. E já são duas décadas testando receitas, escrevendo sobre comida, criando conteúdos para outras mídias, dirigindo o site – e agora publicando livros de outros autores com o selo Panelinha. Achei que eu deveria me aventurar um pouco mais com o formato e decidi transformar o preparo do livro num exercício de criatividade, quase uma brincadeira de livre associação. Um livro de receitas organizado por cores, será que vai funcionar? Será que os meus leitores que estão tão acostumados com tudo arrumadinho vão gostar desse jeito não linear de ver o conteúdo? E tem também a linguagem em pitadas, tudo mais enxuto – até uma ou outra preparação simples aparece como se fosse uma receita falada.

Uma coisa é certa: da mesma maneira que quis ousar um pouco com o livro, espero que você também possa se aventurar mais na cozinha. Tomara que este livro inspire você a se arriscar (não com fogo e faca, por favor, apenas com temperos) e que as minhas pitadas ajudem a deixar a cozinha mais fácil – e a mesa mais cheia. Comida saborosa, preparações simples, dia a dia mais saudável e, sempre que der, mesa cheia. Porque o que importa de verdade são as pessoas. Só as pessoas. E comida faz todo mundo mais feliz.

Rita

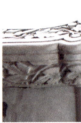

PITADAS PARA VIAJAR NA COZINHA

Cozinhar é libertador, terapêutico, até uma coisa romântica. Especialmente no fim de semana ou para uma ocasião especial. Já a cozinha cotidiana pode ser jogo duro, duríssimo — decididamente não é para fracos. Manter uma mesa variada não é nada trivial: ela tem que confortar mas instigar, ser na medida porém rica em sabores, saudável mas divertida. É complexo, mas não impossível. E, depois de muitas horas de voo, dá para pilotar um fogão com tranquilidade, aproveitando para relaxar. Leva tempo até que a prática se instale na gente, que o mexe-mexe das panelas vire um movimento quase involuntário. Casa com comida boa é uma conquista — e, ao mesmo tempo, a recompensa. Vale todo o esforço, todo o empenho. Tem que ir aos pouquinhos, naquele pique devagar e sempre, com foco mas sem desespero. O tempo vai passando, algumas refeições são melhores, outras, piores, e aí parece que foi de repente: o repertório fica amplo, criativo e autêntico. Até isso acontecer, viajar na cozinha é sempre a melhor opção. Se em tudo mais não dá para fugir da rotina, entre panelas e travessas sempre dá para escapar para Marrakesh ou tomar um brunch em Nova York ou mexer o risoto e inspirar os aromas da Toscana em plena terça-feira. Inspire, expire. Vai ficar tudo azul.

Esse gelo é uma uva!

Nem precisa cozinhar. É só se lembrar de comprar uvas verdes, sem caroço, e congelar. Num dia de verão, elas vão do freezer direto para a mesa e viram microssorvetinhos de sobremesa. Ficam deliciosas, geladíssimas, firmes, mas com a consistência ligeiramente cremosa — nada a ver com uma pedra de gelo. Numa noite de verão, as uvinhas fazem as vezes de um gelo especial na taça de vinho branco que insiste em aquecer rapidamente. Tome o vinho, coma as uvas. Ou aproveite para compor lindamente aquele copo de caipirinha do fim de semana. Antes de congelar, lave e escorra bem quantos cachos quiser de uva Thompson. Coloque num plástico e leve ao congelador por 24 horas.
Na hora de servir, coloque num prato. Simples assim.

{ Pitada 1 }

Reserve um cacho para juntar à salada de frutas da p. 115.

E na p. 73 tem um clericô de vinho verde que fica ótimo com essas pedrinhas de uva.

O mojito da p. 99 também fica interessante.

Porções individuais

Um prato único é sempre uma opção fácil para o jantar da segunda-feira. E macarrão de forno costuma ser um curingão. Dá para deixar semipronto na geladeira no domingo e, na noite seguinte, basta terminar de assar — nesse caso, porém, vai precisar de um tempinho extra no forno (a massa gelada demora mais para aquecer e gratinar). Mas ele não precisa ir à mesa naquele refratário de vidro todas as vezes. Preparar e servir porções individuais dá uma levantada na apresentação e ainda ajuda a controlar as quantidades. Só comendo pouco é que dá para comer de tudo!

{ Pitada 2 }

Só na criatividade

Já as crianças podem dar um trabalhão para comer um único leguminho que seja. Então, abuse deles no meio desse macarrão. As abóboras ficam deliciosas, mas lembre-se das abobrinhas, das ervilhas frescas, das cenouras em cubinhos ou raladas, dos tomatinhos em metades, das folhas de espinafre ou até de todos juntos e sirva um macarrão de forno *alla primavera*. Esse *alla primavera* é só para contar uma história aos pequenos, que em Roma, no inverno, as feiras ficam muito tristes, quase sem legumes... Mas assim que a primavera chega, as flores avisam às verduras que está na hora de brotar, e todas as crianças romanas ficam felizes porque sabem que está chegando o dia de comer o famoso *maccheroni alla primavera*. Naturalmente você pode inventar uma historinha melhor que a minha, mas não podemos desistir das verduras e legumes!

{ Pitada 3 }

A carne louca desfiada fica ótima servida com este macarrão. Tem receita na p. 228.

MACARRÃO DE FORNO COM ABÓBORA
SERVE 6 PESSOAS
TEMPO DE PREPARO: 15 MINUTOS + 45 MINUTOS NO FORNO

PARA A ABÓBORA

500 g de abóbora japonesa descascada e cortada em cubos (compre no supermercado ou na feira aquela que já vem cortadinha e sem casca)
3 dentes de alho
3 colheres (sopa) de azeite
3 ramos de alecrim
sal e pimenta-do-reino moída na hora a gosto

1. Preaqueça o forno a 200 °C (temperatura média-alta).

2. Numa assadeira retangular antiaderente de cerca de 30 x 40 cm, coloque os cubos de abóbora, deixando espaço entre eles. Descasque e amasse os dentes de alho e junte na assadeira. Debulhe e polvilhe as folhinhas dos ramos de alecrim. Regue com o azeite e tempere com sal e pimenta-do-reino a gosto.

3. Leve ao forno para assar por 30 minutos. Se quiser um bronzeado mais uniforme, na metade do tempo, vire os cubos de abóbora com a ajuda de uma pinça. Retire do forno, mas não desligue: mantenha em temperatura média a 180 °C, pois logo mais o macarrão vai assar.

Legumes crocantes

Use uma assadeira bem grande e espalhe os pedaços. Não vale amontoar e reclamar que os cubos de abóbora ficaram moles! O azeite também tem que envolver todos os quadradinhos. Dê uma boa chacoalhada no refratário e depois separe bem os pedaços. E isso também serve para quando a gente quer fazer uma batata assada crocante como se fosse frita.

{ Pitada 4 }

TRILHA SONORA
UM PRATO TÃO TRADICIONAL DOS NORTE-AMERICANOS, O FAMOSO MAC'N'CHEESE, SÓ PODERIA VIR ACOMPANHADO POR UM BOM ROCK'N'ROLL. E NÃO É QUE COMBINAM ATÉ NO NOME? APERTE O PLAY PARA "JOHNNY B. GOODE" DE CHUCK BERRY.

PARA O MACARRÃO E O MOLHO

4 xícaras (chá) de macarrão do tipo caracol (mas pode usar outro tipo de massa curta)
1 ovo
3 xícaras (chá) de leite
2 colheres (sopa) de sal
¾ de xícara (chá) de queijo parmesão ralado
2 colheres (sopa) de licor de amêndoas (opcional)
noz-moscada ralada na hora
sal e pimenta-do-reino moída na hora a gosto para temperar

1. 10 minutos depois de ter colocado a abóbora no forno, leve ao fogo alto uma panela grande com 3 litros de água e 2 colheres (sopa) de sal. Quando ferver (leva cerca de 15 minutos), coloque o macarrão e deixe cozinhar pela metade do tempo sugerido na embalagem. Nesta receita, ele ficou na panela por 4,5 minutos. Desligue o fogo, escorra a água e volte com o macarrão à panela.

2. Enquanto o macarrão cozinha na água, numa tigela faça o molho: misture o ovo com o leite e ½ xícara (chá) do parmesão. Junte o licor de amêndoas, tempere com noz-moscada, sal e pimenta-do-reino a gosto e mexa bem.

3. Misture o molho ao macarrão escorrido na panela e coloque os pedaços de abóbora assados — já vai ter dado o tempo. Se quiser, reserve alguns para decoração.

4. Transfira o macarrão para um refratário grande ou 6 individuais e decore com os cubos de abóbora.

5. Polvilhe com o restante do queijo parmesão, disponha os potinhos na assadeira (caso esteja usando recipientes individuais) e leve ao forno preaquecido a 180 ºC (temperatura média) para terminar de cozinhar e gratinar. Retire do forno e sirva a seguir.

Afinidade por cor

Montar um aparelho de jantar exclusivo, com peças variadas, ajuda a deixar a mesa mais interessante — e você pode formar o seu arsenal aos poucos, sem ter que investir de uma só vez. O desafio é conseguir deixar o conjunto harmônico e, por isso, escolher uma cor predominante talvez seja o melhor caminho. Vá em busca de peças em tons de azul (ou de verde, ou de rosa, ou de amarelo) que sejam vendidas avulsas. Mas procure variar os materiais, texturas, estilos e até a idade dos itens. E não pense que só vale garimpar pratos em feiras de antiguidade. Entre na loja de utensílios do bairro, na loja de rede do shopping, misture cerâmica rústica com louça lisa, até aquele prato de vidro do supermercado fica interessante no meio de tudo. A estampa floral, se for em tons de azul, fica incrível com o pratinho listrado de azul e branco, que parece ter saído da camiseta *marinière* Chanel. Componha a mesa com pratos ingleses, chineses clássicos e as imitações (cópias de todas as outras nacionalidades), cerâmicas marroquinas, as portuguesas, vale tudo que você gostar. Aos poucos, os utilitários, como pratos, copos e travessas, vão ganhando um tom mais artístico, com jeitão de coleção. Quer mais chique do que isso? Um aparelho completo com a sua curadoria.

{ Pitada 5 }

Drinques com vinho do Porto

Não tem nada mais fácil para iniciar as atividades na mesa que colocar num copo uma dose de vinho do Porto e completar com água tônica. E combina as mil maravilhas com o canapé de pera e gorgonzola. Mas o Porto tônica pode ganhar algumas variantes: encha o copo de gelo, sirva 1 dose de vinho do Porto tinto, ¼ de dose de licor de amêndoas e complete com Club Soda. Em vez de licor de amêndoas, experimente usar licor de laranja.

{ Pitada 6 }

Aperitivo para quarta-feira

Pera, gorgonzola e nozes formam um clássico casamento de sabores. Faz bonito na salada, no risoto, na massa e até na sobremesa. Já publiquei em outros livros, e no site Panelinha, várias receitas com esse trio poderoso que dá uma pitada de glamour às preparações. Mas a graça é que, como aperitivo, a combinação nem precisa de receita.

No dia a dia, quando não faz o menor sentido servir entrada, prato principal, dois acompanhamentos e a sobremesa, fazer um canapé, mesmo que seja só para vocês dois, dá uma quebrada na monotonia. Use a pera seca no lugar de uma torradinha, coloque por cima uma tira de gorgonzola (também vale roquefort) e, para ficar irresistível, um pedaço de noz torrada. Depois, vá direto ao prato principal.

As nozes torradas na frigideira ficam infinitamente mais saborosas do que como chegam do mercado. Mas elas queimam fácil. Não dá para ficar tomando aquele vinhozinho e espiando o fogão. Tem que ficar balançando as nozes, inteiras ou picadas, sobre o fogo médio, até a cozinha começar a perfumar. Depois disso, transfira para um prato e deixe esfriar antes de usar, seja no risoto, na massa, na salada ou no canapé.

{ Pitada 7 }

Figo assado com vinho do Porto

Esta é uma pitadinha especial — figo é das minhas frutas favoritas. Gosto dele com presunto cru para começar o jantar, na salada de folhas verdes com molho de aceto balsâmico, e também de finalizar a refeição com figo assado com vinho do Porto. A receita? Passe um pano úmido nos figos, de leve. Não retire os cabinhos, corte a fruta em metades e arrume-as com a parte cortada para cima num refratário untado com uma camada grossinha de manteiga. Regue com vinho do Porto, como se estivesse temperando com azeite, e leve ao forno preaquecido a 180 ºC (temperatura média), por uns 15 ou 20 minutos. Sirva com creme fresco ou com sorvete de creme. Se quiser, polvilhe um pouco daquelas nozes torradas e bem picadas.

{ Pitada 8 }

PUDIM DE PÃO COM VINHO DO PORTO

SERVE 8 PESSOAS
TEMPO DE PREPARO: 30 MINUTOS + 40 MINUTOS PARA ASSAR

PARA O CARAMELO

2 xícaras (chá) de açúcar
½ xícara (chá) de água

1. Numa tigela, misture o açúcar e a água até dissolver. Transfira para uma fôrma de pudim de cerca de 25 cm de diâmetro.

2. Leve a fôrma ao fogo baixo e deixe cozinhar por 15 minutos, sem mexer. Desligue o fogo quando formar uma calda caramelizada, e tome cuidado para não deixar queimar — nem se queimar!

3. Com as costas de uma colher, espalhe o caramelo por toda a fôrma. Reserve.

TRILHA SONORA
PUDIM DE PÃO É UM ÓTIMO EXEMPLO DE COMO NÃO DESPERDIÇAR ALIMENTOS NA COZINHA, DANDO UM NOVO USO AO QUE SERIA DESCARTADO. A MÚSICA QUE ACOMPANHA ESSA RECEITA É PRATICAMENTE UM TRATADO SOBRE ESSE TEMA, DO CANTOR E SURFISTA JACK JOHNSON, CHAMADA "3 RS": "REDUZA", "REUSE" E "RECICLE".

PARA O PUDIM

5 pães franceses amanhecidos
2 ½ xícaras (chá) de leite
¾ de xícara (chá) de vinho do Porto tinto
1 colher (sopa) de manteiga
4 colheres (sopa) de açúcar
3 ovos
½ xícara (chá) de uvas-passas pretas

1. Preaqueça o forno a 180 °C (temperatura média).

2. Numa panela média, dissolva o açúcar no leite. Junte a manteiga e leve ao fogo para aquecer. Quando ferver, desligue o fogo e junte o vinho do Porto.

3. Numa tábua, corte os pães em fatias. Transfira para uma tigela grande e regue com a mistura de leite e vinho ainda quente. Deixe descansar por 15 minutos.

4. Com um batedor de arame, bata os ovos numa tigelinha. Junte à tigela com as fatias de pão embebidas e misture bem. Transfira metade da massa para a fôrma caramelada, salpique com as uvas-passas e cubra com o restante da massa.

5. Coloque a fôrma numa assadeira, regue com água fervente e leve para assar em banho-maria por 40 minutos ou até o pudim firmar.

6. Retire do forno e, quando amornar, desenforme o pudim e sirva a seguir. Se quiser, sirva com creme inglês.

PARA O CREME INGLÊS

6 gemas
⅔ de xícara (chá) de açúcar
2 xícaras (chá) de leite
1 colher (chá) de essência de baunilha

1. Na tigela pequena da batedeira, coloque a metade do açúcar e as gemas e bata até obter uma gemada fofa e esbranquiçada.

2. Numa panela, coloque o leite e a outra parte do açúcar e leve ao fogo médio. Quando ferver, retire do fogo e adicione a gemada aos poucos, misturando com uma colher.

3. Volte a panela ao fogo baixo e mexa bem, até que a espuma que se formou tenha desaparecido e o creme tenha engrossado um pouco (caso talhe, deixe esfriar e bata no liquidificador). Desligue o fogo, acrescente a baunilha e misture bem. Quando esfriar, leve à geladeira. Sirva gelado.

Bacalhau simplificado, mas nada simplório

Chique e despretensioso, esse bacalhau comprova que até mesmo as coisas simples podem ser surpreendentes: o purê de batatas, tão trivial, ganha o perfume delicioso do alho assado e vira um acompanhamento inusitado para o luxuoso peixe. Mas, atenção, aqui a lei do mínimo esforço vai vigorar. Compre o lombo do bacalhau dessalgado congelado. (É isso que tem que estar escrito na embalagem, no setor de congelados do supermercado.) Nada de levar dias trocando a água do peixe. O grande trabalho dessa receita tem que ser transferir as postas de bacalhau do congelador para a geladeira. É sempre melhor descongelar no dia anterior. E isso vale para todas as carnes. Se quiser multiplicar a receita, não economize no alho: sirva uma cabeça por pessoa. O prato fica lindo — e o sabor do alho assado é surpreendente.

{ Pitada 9 }

BACALHAU COM PURÊ PERFUMADO COM ALHO

SERVE 2 PESSOAS
TEMPO DE PREPARO: 30 MINUTOS + 30 MINUTOS NO FORNO

TRILHA SONORA
UM BACALHAU SEMPRE PEDE UM BOM FADO, E COMO ESSA RECEITA TEM UM AR MAIS CONTEMPORÂNEO E A PORÇÃO É PARA DUAS PESSOAS, A TRILHA SONORA É DE UM PORTUGUÊS QUE CANTA FADO COM INFLUÊNCIA DE MPB, E, NESSA MÚSICA, COM UMA PEGADA BEM ROMÂNTICA. VAMOS OUVIR ANTÓNIO ZAMBUJO COM "ZORRO".

2 lombos de bacalhau dessalgados congelados
1 ½ xícara (chá) de leite
3 cabeças de alho
¼ de xícara (chá) de azeite
4 batatas médias
2 colheres (sopa) de manteiga
1 pitada de noz-moscada
sal e pimenta-do-reino a gosto

1. Na véspera, transfira as postas de bacalhau do congelador para a geladeira. É sempre melhor descongelar no dia anterior.

2. Lave as postas de bacalhau em água corrente. Corte a ponta de cada cabeça de alho, como se estivesse cortando uma tampa.

3. Preaqueça o forno a 200 ºC (temperatura média-alta). Numa assadeira média, coloque as cabeças de alho e deixe no forno enquanto ele aquece.

4. Numa panela grande, junte o leite e as postas de bacalhau. Leve ao fogo médio e, quando ferver, abaixe o fogo e deixe cozinhar por 10 minutos. Retire o bacalhau e reserve o leite.

5. Enquanto isso, descasque e corte as batatas em pedaços médios e leve ao fogo alto numa panela com bastante água e um pouco de sal. Quando ferver, deixe cozinhar por 20 minutos.

6. Transfira as postas para a assadeira com as cabeças de alho. Regue com azeite, tempere com sal e pimenta-do-reino e volte a assadeira ao forno por mais 30 minutos.

7. Escorra a água e passe as batatas ainda quentes pelo espremedor, na mesma panela.

8. Retire 1 cabeça de alho do forno, solte os dentes e pressione cada um com uma colher para extrair a polpa da casca. Passe as polpas de alho pelo espremedor e junte às batatas.

9. Aqueça o leite reservado e adicione à mistura de batata e alho, passando pela peneira. Acrescente a manteiga, tempere com sal e uma boa pitada de noz-moscada. Leve a panela ao fogo baixo e mexa vigorosamente, até o purê começar a borbulhar.

10. Retire o bacalhau do forno e sirva sobre o purê com mais uma cabeça de alho assado. Se quiser, tempere com mais uma pitada de pimenta-do-reino.

CAMARÃO AO ALHO E ÓLEO

SERVE 2 PESSOAS
TEMPO DE PREPARO: 20 MINUTOS

Vamos colocar o pé na areia? Não precisa ser literalmente aqui, você já percebeu. A ideia é viajar na cozinha, certo? Mas se a praia é imaginária, o camarão e a cervejinha bem gelada têm que ser reais e deliciosos. Sirva como petisco para mais pessoas, como entradinha, ou cozinhe um pouco de espaguete, misture bem e transforme esse camarão em prato principal.

10 camarões grandes descascados e limpos, com a cauda
3 dentes de alho
3 colheres (sopa) de azeite
caldo de ½ limão
1 limão cortado em gomos
sal e pimenta-do-reino moída na hora a gosto

Tem passo a passo para limpar camarões na p. 166.

1. Descasque os dentes de alho e, numa tábua, pique fininho.

2. Tempere os camarões com sal, pimenta-do-reino e caldo de limão.

3. Leve uma frigideira ao fogo médio e, quando aquecer, regue com 1 colher (sopa) de azeite. Junte o alho e refogue até dourar ligeiramente, cerca de 2 minutos. Retire com uma escumadeira e transfira para um pratinho ou tigelinha.

4. Regue a frigideira com mais 1 colher (sopa) de azeite e coloque 5 camarões, deixando que haja espaço entre eles. Doure por cerca de 2 minutos de cada lado e transfira para um prato. Cubra com papel-alumínio para não esfriar.

5. Junte os camarões restantes e 1 colher (sopa) de azeite na frigideira; quando estiverem dourados, junte a primeira leva, o alho e misture bem. Transfira para um prato ou travessinha e sirva a seguir com gomos de limão.

TRILHA SONORA
FIQUE ESPERTO COM OS TEMPOS DE COZIMENTO, PORQUE JÁ DIZIA O SAMBA DE ARLINDO CRUZ, BETO SEM BRAÇO E ZECA PAGODINHO, "CAMARÃO QUE DORME A ONDA LEVA". É JUSTAMENTE ESSA A TRILHA SONORA BRASILEIRÍSSIMA QUE ACOMPANHA ESSE PRATO, NA VERSÃO DE BETH CARVALHO.

Camarão com macarrão

Se quiser transformar este camarão em prato principal, cozinhe duas porções de espaguete numa panela com bastante água e sal, para deixar a água como se fosse do mar. Antes de escorrer, reserve um pouco de água do cozimento. Junte o macarrão escorrido ao camarão douradinho numa tigela de servir. Regue com ½ xícara (chá) da água do cozimento e tempere com mais pimenta-do-reino e azeite.

{ Pitada 10 }

O cuscuz básico

O basicão, quebra-galho, curinga das refeições cheias de preguiça, todo mundo sabe preparar: uma xícara de cuscuz marroquino, outra de água fervente, uma pitada de sal e um fio de azeite. Abafou 5 minutos, soltou com garfo, está pronto. Talvez você queira acrescentar alcaparras, amêndoas ou até abóboras assadas — uau, já temos várias opções e ainda estamos trabalhando com os ingredientes que começam com A! O cuscuz é um curinga na cozinha: é prático, versátil, fica pronto num piscar de olhos — e ainda é par perfeito para um dos meus pratos de peixe favoritos.

{ Pitada 11 }

Peixe com tahine

Simples assim, o cuscuz vira acompanhamento ideal para o peixe com tahine, preparação que não me canso de fazer. O preparo do molho é assim:

$1/3$ de xícara (chá) de tahine (pasta de gergelim)
$1/3$ de xícara (chá) de caldo de limão
$1/3$ de xícara (chá) de água
1 dente de alho amassado com 1 colher (chá) de sal

Numa tigelinha, misture muito bem todos os ingredientes, até obter um molho liso. Em seguida, é só enrolar 6 filés de pescada ou de linguado (tempere antes com uma pitadinha de nada de sal), colocar em pé num refratário, como se fosse uma flor, e regar com a tahine preparada. Forno preaquecido a 180 ºC (temperatura média), 12 ou 15 minutos e o jantar está na mesa.
Para acompanhar, uma salada de abobrinha em rodelas finas grelhadas, temperada com limão, azeite e folhas de hortelã.

{ Pitada 12 }

CUSCUZ MARROQUINO COM LEGUMES E ESPECIARIAS
SERVE 4 PESSOAS
TEMPO DE PREPARO: VAI SER MENOR DO QUE PARECE...

Agora vamos dar um tempo naquela versão pá-pum do cuscuz marroquino. É hora de viajar na cozinha. Vamos nos aventurar e preparar uma versão inspirada no prato servido no Stylia, um restaurante fabuloso em Marrakesh, do monsieur Chami — amigo de minha amiga Anissa Helou, expert nessas cozinhas pros lados de lá. A receita a seguir é mais elaborada, feita com um caldo caseiro cheio de especiarias, servido com legumes cozidos, cebola caramelizada e grão-de-bico. Comida saborosa, perfumada e viajada: a apresentação é bem típica, mas a preparação foi toda adaptada às nossas cozinhas. Além dos legumes, sirva com frango, com cordeiro ou até com o peixinho da página anterior. Tanto faz. Só não deixe de experimentar.

PARA O CALDO MARROQUINO
TEMPO DE PREPARO: 15 MINUTOS + 45 MINUTOS PARA COZINHAR

1 cebola

2 cenouras

2 talos de salsão (1 com as folhas)

½ lata de tomate italiano sem pele

½ colher (chá) de gengibre em pó

¼ de colher (chá) de canela em pó

½ colher (chá) de cominho em pó

⅛ de colher (chá) de chilli em pó

a receita continua...

1. Lave, descasque e corte uma das cenouras em bastões de 6 cm de comprimento. O salsão e a outra cenoura, lave-os e corte em pedaços grandes. Descasque a cebola e corte em 4 partes.

2. Numa panela grande com 1,5 litro de água, leve os legumes, o tomate e as especiarias ao fogo alto. Quando começar a ferver, abaixe o fogo e deixe cozinhar por 30 minutos.

3. Retire e reserve os bastões de cenoura. Coe o caldo, apertando bem os legumes na peneira. Volte o caldo à panela e tampe. Descarte os outros ingredientes.

PARA AS CEBOLAS CARAMELIZADAS
TEMPO DE PREPARO: 10 MINUTOS + 15 MINUTOS PARA COZINHAR

2 cebolas médias
1 colher (sopa) de azeite
sal a gosto

Descasque e corte as cebolas em rodelas finas. Numa frigideira, coloque o azeite e leve ao fogo médio. Quando esquentar, coloque as rodelas e abaixe o fogo. Vá mexendo de vez em quando, até que fiquem douradas, cerca de 10 a 15 minutos.

Um toque dourado

Estas cebolas fazem parte da receita do cuscuz marroquino inspirado no prato do *monsieur* Chami. Mas elas são também uma preparação em si: coloque sobre peixes assados, com uma salada de lentilha, misture com grão-de-bico, junte uns cubos de queijo feta e está pronta uma salada divina. O.k., quase pronta: falta temperar com caldo de limão, azeite e polvilhar com folhas de salsinha ou de coentro. Essas cebolas bem douradas são ótimas para dar uma glamourizada nos mais variados pratos.

{ Pitada 13 }

Não perca a deliciosa pasta de cebola caramelizada da p. 77.

a receita continua...

PARA OS LEGUMES
TEMPO DE PREPARO: 15 MINUTOS + 25 MINUTOS PARA COZINHAR

6 cubos de abóbora japonesa
1 abobrinha italiana pequena
1 punhado de vagem holandesa
sal e pimenta-do-reino moída na hora

Lave os legumes e corte a abobrinha em bastões (como os de cenoura). No caldo marroquino, junte os legumes (inclusive as cenouras reservadas) e leve ao fogo alto. Quando ferver (leva cerca de 15 minutos), abaixe o fogo e deixe cozinhar por 10 minutos. Com uma escumadeira, transfira os legumes para um prato fundo, tempere com uma pitada de sal e tampe para não esfriar. Tampe a panela do caldo.

PARA O CUSCUZ MARROQUINO
TEMPO DE PREPARO: 5 MINUTOS + 5 MINUTOS PARA COZINHAR

2 xícaras (chá) de cuscuz marroquino
2 xícaras (chá) do caldo marroquino
1 colher (sopa) de azeite
1 colher (chá) de sal

Numa tigela, junte o cuscuz, o sal, o caldo fervente e o azeite. Misture bem e abafe pelo tempo indicado na embalagem — geralmente, 5 minutos. Destampe e, na sequência, solte os grãos com um garfo.

PARA A MONTAGEM
TEMPO DE PREPARO: 10 MINUTOS + 20 MINUTOS PARA O CALDO REDUZIR

½ xícara (chá) de grão-de-bico cozido (pode ser o enlatado)

1. Leve o caldo ao fogo alto e deixe cozinhar até reduzir à metade do volume. Tempere com sal. O caldo será usado como molho para o cuscuz.
2. Numa travessa redonda, coloque o cuscuz aquecido, formando uma pirâmide. Coloque os legumes ao redor do topo e regue com um pouco do caldo. Disponha a cebola caramelizada sobre os legumes e o grão-de-bico por cima de tudo. Sirva a seguir com o restante do caldo à parte.

Veja o arroz da p. 276 e outro cuscuz na p. 112.

TRILHA SONORA
ESSE CUSCUZ VEM ACOMPANHADO PELA TRILHA SONORA ELEGANTE DA BANDA INGLESA DE ACID JAZZ INCOGNITO, COM A MÚSICA "MARRAKECH". ESSE SOM FAZ PARTE DO ÁLBUM *NO TIME LIKE THE FUTURE*, DE 1999.

Na lata

Vai ser a sugestão mais curta e direta do livro. Tenha sempre na despensa uma lata de grão-de-bico. Vira salada, acompanhamento, sopa, homus... Já pode deixar como item fixo na lista de compras. E no decorrer do livro você vai encontrar várias receitas.

{ Pitada 14 }

QUIBE DE PEIXE COM SALADINHA DE PEPINO COM IOGURTE

SERVE 4 PESSOAS
TEMPO DE PREPARO: MENOS DE 1 HORA

Por que será que quando pensamos em comida libanesa o que vem à cabeça é sempre o quibe frito ou uma esfirra? Se o quibe de peixe tivesse um bom relações-públicas, ele estaria na boca do povo. Dou minha contribuição: você tem que provar esta receita, que ainda ganha bom contraste quando combinada com a saladinha refrescante de pepino e iogurte. Uma viagem de sabores.

PARA O QUIBE

500 g de pescada limpa
½ xícara (chá) de coentro
1 xícara (chá) de trigo fino
½ xícara (chá) de água
raspas de 1 laranja
raspas de 1 limão
½ xícara (chá) de nozes picadas
sal e pimenta-síria a gosto
2 cebolas
1 pitada de açúcar
5 colheres (sopa) de azeite
gomos de limão para acompanhar

TRILHA SONORA
JÁ TINHA PENSADO EM QUIBE DE PEIXE? E MÚSICA DO CHICO BUARQUE CANTADA EM FRANCÊS, JÁ IMAGINOU? POIS EXISTE UMA VERSÃO DO CLÁSSICO "PARTIDO ALTO" GRAVADO SOB O TÍTULO DE "QUI C'EST CELUI-LÀ", DO CANTOR PIERRE VASSILIU. DIVERTIDO!

1. Preaqueça o forno a 180 °C (temperatura média).

2. No processador de alimentos, bata os filés de peixe com o coentro. Se não quiser usar o processador, pique bem com uma faca. Reserve.

3. Numa tábua, corte a cebola em metades, no sentido do comprimento, e depois em fatias bem finas, para formar meias-luas.

4. Leve uma frigideira antiaderente média ao fogo baixo. Regue com 1 colher (sopa) de azeite. Junte a cebola e tempere com uma pitada de sal e outra de açúcar. Deixe cozinhar por 15 minutos, mexendo de vez em quando, até caramelizar a cebola.

5. Forre um escorredor com um pano de prato limpo, coloque o trigo dentro, lave sob água corrente e esprema bem, torcendo o pano de prato como se fosse uma trouxinha.

6. Transfira o trigo para uma tigela. Junte o peixe, a água, as raspas de limão e laranja, as nozes e a cebola caramelizada. Tempere com sal e pimenta-síria. Misture bem.

7. Unte uma fôrma refratária com 1 colher (sopa) de azeite. Cubra o fundo da fôrma com a massa do quibe, aperte e alise a superfície com a mão molhada. Com uma faquinha, risque o quibe desenhando losangos.

8. Regue a massa com 3 colheres (sopa) de azeite. Leve ao forno preaquecido e deixe assar por 30 minutos. Sirva o quibe frio ou quente, acompanhado da salada de pepino, hortelã e iogurte e de gominhos de limão.

PARA A SALADA DE PEPINO, HORTELÃ E IOGURTE

2 pepinos japoneses
1 copo de iogurte natural
1 colher (sopa) de azeite
sal e pimenta-do-reino moída na hora a gosto
15 folhas de hortelã

1. Lave e seque bem o pepino e as folhas de hortelã.

2. Sobre uma tábua, usando um mandolim (ou uma faca), corte o pepino japonês em rodelas bem finas. Com a faca, corte também as folhas de hortelã em tirinhas finas. Reserve.

3. Numa tigelinha, misture bem o iogurte e o azeite. Tempere com sal e pimenta-do-reino moída na hora.

4. Junte a hortelã e as rodelas de pepino e misture bem. Sirva a seguir, acompanhando o quibe de peixe.

O QUE É CARDAMOMO, MESMO?

Imagine uma mulher muito chique, dona de uma elegância oriental, talvez indiana, certamente um pouco exótica para os nossos padrões e, ao mesmo tempo, engraçadíssima, com tiradas apimentadas, uma gargalhada contagiante. Com certeza essa combinação de características não seria muito comum. Mas é exatamente assim que imagino o cardamomo, se a especiaria fosse uma pessoa. O.k., talvez a analogia não seja das melhores. Mas também não dá para dizer que ele seja apenas uma baga medicinal, da família do gengibre, com propriedades digestivas e expectorantes — é isso que você vai encontrar numa busca rápida no Google. Que injustiça! Quem nunca experimentou vai ficar com a impressão errada do cardamomo. Expectorante... Vê se pode.

Leve desvio: meu marido é quem prepara o café todas as manhãs. Sempre o mesmo ritual — água no fogo, grãos no moedor elétrico, 3 minutos na extração francesa e lá vem ele com a nossa bandejinha de café na cama. No fim de semana, porém, somente à tarde, ele junta aos grãos as sementes de quatro bagas de cardamomo. Que perfume delicioso! (Não sei por que ainda não fiz nenhuma receita com esse café.) Que homem pode ser mais elegante do que esse?

Agora você já sabe que por trás do meu apreço pelo sabor e aroma do cardamomo há questões afetivas. Mas não é por isso que ele transforma um trivial brownie numa sobremesa sedutora, divertida, perfumada, ideal para colorir um dia cinzento, para animar um jantar cotidiano ou simplesmente para dar cara de festa à festa. A combinação de sabores fica incrível, mesmo.

Brownie para adultos

Antes de colocar a mão na massa, talvez você deva saber o seguinte: não compre cardamomo em pó, por mais sedutora que seja a praticidade das sementes já moídas. Elas perdem o aroma e o sabor num piscar de olhos. Invista num pacotinho de bagas, que também é encontrado na seção de especiarias do supermercado, e retire as sementinhas somente quando for cozinhar.

{ Pitada 15 }

TRILHA SONORA
AÇÚCAR MASCAVO OU "BROWN SUGAR" COMO DIZEM OS INGLESES, PRA ACOMPANHAR ESSA RECEITA. QUEM TOCA É A BANDA ROLLING STONES.

BROWNIE RÚSTICO COM CASTANHA-DO-BRASIL E CARDAMOMO

SERVE 8 PESSOAS
TEMPO DE PREPARO: 15 MINUTOS + 20 MINUTOS NO FORNO

170 g de chocolate meio amargo (no mínimo 50% de cacau)
200 g de manteiga gelada cortada em cubos
2 xícaras (chá) de farinha de trigo
3 colheres (chá) de fermento em pó
1 xícara (chá) de castanha-do-Brasil picada grosso
3 ovos
1 ½ xícara (chá) de açúcar mascavo
8 bagas de cardamomo
manteiga e farinha de trigo para untar e polvilhar

1. Preaqueça o forno a 180 °C (temperatura média). Unte uma assadeira retangular média com manteiga e polvilhe com farinha de trigo.

2. Passe a farinha e o fermento em pó pela peneira e reserve. Com cuidado, corte as pontas da baga de cardamomo, abra ao meio com uma faca de legumes e raspe as sementes. Transfira as sementes para um pilão e soque até virar um pó. Soque mesmo.

3. Pique o chocolate meio amargo e coloque numa tigela de vidro (ou de inox se não for derreter no micro-ondas). Junte a manteiga em cubos e o pó de cardamomo.

4. Para derreter o chocolate em banho-maria, coloque dois dedos de água numa panela e leve ao fogo alto. Quando ferver, abaixe o fogo e encaixe a tigela com o chocolate e a manteiga. Assim que começar a derreter, misture com uma espátula e incorpore bem os ingredientes. Retire do banho-maria. Se preferir, derreta a mistura no forno de micro-ondas, em várias rodadas de 30 segundos (nesse caso, use a tigela de vidro).

5. Numa batedeira, junte os ovos com o açúcar mascavo e bata em velocidade alta por cerca de 3 minutos ou até que a mistura fique bem fofa e aerada. Desligue a batedeira e, aos poucos, com uma espátula, incorpore o chocolate derretido.

6. Na tigela com a massa de chocolate, adicione aos poucos a mistura de farinha, fermento e castanhas, mexendo delicadamente. Transfira a massa para a assadeira untada.

7. Leve ao forno preaquecido para assar por cerca de 20 minutos. A massa ainda deve estar úmida quando sair do forno. Se assar demais vira bolo, e não brownie (a aparência deve ser a de um bolo ligeiramente cru). Deixe esfriar e sirva com calda de chocolate e creme batido.

Creme de chantili, o verdadeiro

Pense num bolo simples, numa salada de frutas, num suflê doce, até no cafezinho. Todos ficam mais gostosos com uma colherada de creme de chantili. Mas atenção: aquelas misturas que "batem chantili" não têm nada a ver com o verdadeiro chantili, feito com creme de leite fresco e açúcar.

Creme de leite é sempre uma questão. Vira e mexe, recebo e-mails recheados de dúvidas. Basicamente, o que você precisa saber é que o creme de lata e o de caixinha passam por um processo de pasteurização muito potente que acaba com os micro-organismos e, de certa forma, com o sabor delicado do creme. É por isso que eles têm a validade maior. Já o creme de leite fresco — encontrado no setor de laticínios resfriados do supermercado — também é pasteurizado, mas o processo é bem menos intenso. É como se o creme ainda fosse vivo, e por isso tem o frescor que os outros não apresentam. A validade é bem inferior: cerca de dez dias.

Depois de aberto, dura até três dias na geladeira de casa — e aí começa a azedar. Além disso, o creme de leite fresco tem quase o dobro de gordura que os outros, e por isso é o único que bate o verdadeiro chantili. Os que dizem "bater chantili" são acrescidos de gordura hidrogenada. Fuja deles!

{ Pitada 16 }

Calda de chocolate pá-pum

Para fazer uma calda ultracremosa, rapidíssima e deliciosa, numa panelinha junte:

170 g de chocolate meio amargo picado

1 xícara (chá) de creme de leite fresco

Leve ao fogo baixo, mexendo de vez em quando, e, ao derreter e formar uma mistura lisa, misture:

2 colheres (sopa) de mel

Aqueça sempre que for usar.

{ Pitada 17 }

Com chorinho

Se a calda não for para crianças, no lugar do mel você pode usar um licor. Vale de laranja, de café — ou de chocolate, mesmo. Outra opção é usar o mel e perfumar com um pouco de conhaque ou de rum. Os dois vão muito bem com chocolate.

{ Pitada 18 }

Tá pra peixe!

O mais bobo dos peixes, aquele fritinho do dia a dia, ou um filé assado no papillote, ou ainda aquelas isquinhas de praia. Qualquer um deles com uma colherada desse molho e o jantar está ganho. Não pode ser mais delicioso. Faça uma cama de espinafre refogado, coloque um ou dois filés de peixe por cima e finalize com uma colherada desse molho. Não precisa de mais nada. Mas aqui ele vai cobrir os ovos poché.

{ Pitada 19 }

EGGS BENEDICT PARA DOIS
SERVE 2 PESSOAS
TEMPO DE PREPARO: O QUE DEMORA MAIS É ESCOLHER UM PRATINHO ROMÂNTICO NO SEU ACERVO...

Não, não é comida para todos os dias. É para de vez em quando. Mas a combinação de ovos poché e bacon grelhado com o lombo, torrada e, por cima de tudo, o glorioso molho holandês é algo imperdível. O bacon pode ser substituído por salmão, mas não deveria. Também fica delicioso, porém é outra coisa.

PARA O MOLHO HOLANDÊS
TEMPO DE PREPARO: 15 MINUTOS

100 g de manteiga
1 gema
½ colher (sopa) de vinagre
sal e pimenta-do-reino moída na hora a gosto

1. Leve ao micro-ondas uma tigelinha com a manteiga para derreter. Reserve.
2. Numa panelinha, coloque cerca de dois dedos de água, leve ao fogo médio e desligue quando começar a ferver.
3. Junte a gema e o vinagre numa tigela média e mexa com um batedor de arame para incorporar. Adicione 1 colher (sopa) da água aquecida na mistura de gema e bata bem. Encaixe a tigela na panelinha com água fervente para fazer um banho-maria.
4. Bata vigorosamente até a mistura espumar. Junte a manteiga derretida aos poucos, batendo sempre. De vez em quando, coloque o dedo na tigela para checar a temperatura do molho (precisa estar quente). Se esfriar, ligue novamente o fogo, mas sem deixar a água do banho-maria ferver (para não correr o risco de cozinhar a gema e talhar o molho).
5. Quando o molho encorpar, tire do banho-maria e tempere com sal e pimenta-do-reino a gosto. Reserve.

a receita continua...

PARA OS OVOS POCHÉ E A MONTAGEM
TEMPO DE PREPARO: 20 MINUTOS

4 ovos
4 fatias de bacon com o lombo
2 fatias de pão para torta fria
páprica a gosto (opcional)
sal a gosto
folhas de salsa a gosto (opcional)
óleo para untar

1. Para fazer os ovos poché, leve uma frigideira alta com bastante água ao fogo médio; quando ferver, abaixe o fogo.

2. Recorte 4 quadrados de filme de 30 x 30 cm e coloque sobre um prato fundo. Unte o filme com um pinguinho de óleo e quebre um ovo dentro. Una as pontas do quadrado para formar uma trouxinha. Se quiser fazer todos os ovos de uma vez, dê um nó em cada filme. Repita o processo com todos os ovos.

3. Leve a trouxinha à frigideira com água fervente e mexa delicadamente, em movimentos circulares (isso fará com que o ovo poché fique com um formato mais bonito). Passados 3 minutos, retire o filme com cuidado e deixe o ovo cozinhar por mais 1 minuto na água.

4. Com uma escumadeira, transfira o ovo para uma tigela com água fria. Repita o procedimento com os demais ovos e reserve. Na hora de servir, se quiser, volte os ovos à água fervente e deixe esquentar por 30 segundos.

5. Aqueça uma frigideira média e coloque um fio de óleo. Junte as fatias de bacon com o lombo (2 por vez) e doure dos dois lados. Reserve.

6. Leve as fatias de pão à torradeira ou forno, apenas para aquecer.

7. Coloque 1 torrada no prato e espalhe 1 colher do molho holandês. Por cima, coloque 2 fatias de bacon e 2 ovos poché. Regue com mais molho. Se quiser, salpique com folhas de salsa e polvilhe com páprica a gosto. Faça o mesmo com o outro prato e sirva a seguir.

TRILHA SONORA
JÁ QUE O MOLHO HOLANDÊS É O TOQUE DE MESTRE DO PRATO, ESCOLHEMOS UMA MÚSICA DA CANTORA DE SOUL JAZZ SABRINA STARKE, QUE É DE ROTTERDAM. VAMOS DE "DO FOR LOVE".

Originalidade à mesa

Se no fim de semana vale ficar horas se deliciando com um brunch, no dia a dia acabamos tomando café com leite, uma torrada com queijo branco, uma fruta e olhe lá. Mas a primeira refeição pode ficar mais empolgante. Ouse na composição da louça e vá um pouquinho além. Faça em casa a sua a própria granola. A receita vem a seguir.

{ Pitada 20 }

GRANOLA BÁSICA

SERVE 6 PESSOAS
TEMPO DE PREPARO: 10 MINUTOS + 45 MINUTOS NO FORNO

- 2 xícaras (chá) de aveia integral prensada
- ¼ de xícara (chá) de gergelim
- ½ xícara (chá) de semente de girassol
- 1 colher (chá) de canela em pó
- ½ colher (chá) de sal
- 3 colheres (sopa) de mel
- 2 colheres (sopa) de óleo
- 2 potinhos de papinha de maçã para bebê. Uma dica: se quiser usar uma compota caseira de maçã, você vai precisar de 1 xícara (chá), que equivale à quantidade dos dois potes.
- ½ xícara (chá) de uvas-passas pretas

1. Preaqueça o forno a 160 ºC (temperatura baixa).
2. Numa tigelinha, misture a aveia, o gergelim, a semente de girassol, a canela e o sal.
3. Em outra tigela, grande, misture bem a papinha, o óleo e o mel. Junte os ingredientes secos e misture bem.
4. Transfira a mistura para uma assadeira grande e espalhe bem com uma espátula. Leve ao forno para assar por 45 minutos.
5. Retire do forno, deixe esfriar e misture as uvas-passas. Transfira para um pote com fecho hermético.

TRILHA SONORA

SABIA QUE A MÚSICA "GOOD MORNING, GOOD MORNING" DO ÁLBUM *SGT. PEPPERS* DOS BEATLES FOI INSPIRADA NUMA PROPAGANDA DE CEREAL MATINAL? ENTÃO PARA ENTRARMOS NESSE CLIMA "BOM DIA PRA VIDA", VAMOS OUVI-LA NO CAFÉ DA MANHÃ, SABOREANDO ESSA GRANOLA.

Turbine a granola

Outras frutas secas, como damasco, maçã ou até abacaxi desidratado, vão muito bem nessa granola. Se estiver a fim de uma preparação mais especial, considere usar pistache, amêndoa ou castanha-de-caju.

{ Pitada 21 }

Ovo quente lisinho

Você gosta de ovo quente no café da manhã? Eu adoro. E não só porque é uma delícia: ele ajuda a gente a chegar na hora do almoço sem aquela fome de leão. Para mim, o tempo ideal de ovo cozido é de 4 minutos em água fervente. Para acompanhar, pão integral. Mas a pitada é para a casca do ovo não rachar durante o cozimento. É tão, mas tão fácil, que a foto já explica quase tudo: é só fazer um furinho com uma agulha antes de colocar na panela. O ar sai e a casca não racha. Vai sair também um fiozinho da clara, mas ela endurece e tampa novamente o ovo assim que entrar em contato com a água fervente. E sem casca craquelada o ovo fica mais bonito de servir.

{ Pitada 22 }

BOLINHO DE CHUVA COM RECHEIO DE DOCE DE LEITE

RENDE 25 UNIDADES (MAS CONTROLE-SE!)
TEMPO DE PREPARO: 30 MINUTOS + 5 HORAS PARA O DOCE DE LEITE COZINHAR E ESFRIAR

Agora vamos viajar no tempo, para as tardes em que um prato de bolinhos de chuva aparecia como mágica na nossa frente — e a gente comia lambendo os beiços de açúcar e canela que eram polvilhados naquela massinha frita e deliciosa. E não se falava em obesidade — menos games, mais jogo na quadra? Será que era isso? Quem tem filhos sabe como é complicado, porém necessário, ficar regulando a alimentação, procurando os pratos mais saudáveis, negando e negociando açúcar e refrigerante. Mas de vez em quando temos que poder nos deliciar com clássicos infantis, como esses bolinhos, que ainda ganharam versão semichurros: dá para rechear de doce de leite!

PARA O RECHEIO DE DOCE DE LEITE

1 lata de leite condensado
óleo para untar

1. Numa panela de pressão, coloque a lata de leite condensado fechada — se tiver rótulo de papel, retire e, com uma faquinha, raspe a cola (ela pode entupir a válvula da panela).
2. Cubra com água, dois dedos acima da lata. Tampe a panela e leve ao fogo médio. Quando começar a apitar, deixe cozinhar por 50 minutos.
3. Desligue o fogo e deixe o vapor sair naturalmente. Quando a pressão terminar, abra a tampa e retire a lata com uma pinça para não se queimar.
4. Deixe esfriar por, no mínimo 2 horas, antes de abrir a lata. De preferência, faça no dia anterior.
5. Unte uma assadeira retangular média com um pouco de óleo. Abra a lata de leite condensado cozido e faça 25 bolinhas (mais ou menos a metade da lata do doce). Com a ajuda de duas colheres de café, vá passando uma porção do doce de uma colher para a outra e transfira cada bolinha para a assadeira untada. Leve a assadeira ao congelador por 2 horas.

PARA A MASSA DO BOLINHO

1 ovo
⅓ de xícara (chá) de açúcar
1 colher (sopa) de manteiga
¼ de colher (chá) de sal
½ colher (sopa) de fermento em pó
½ xícara (chá) de leite
1 xícara (chá) de farinha de trigo
óleo de canola para fritar
açúcar e canela em pó para polvilhar

1. Numa tigela, junte o ovo, a manteiga, o açúcar e o sal e misture muito bem.

2. Acrescente alternadamente o leite e a farinha de trigo, mexendo sempre com uma colher. Na hora de fritar, junte o fermento e misture bem.

3. Numa panela média, coloque bastante óleo e leve ao fogo alto para aquecer. Quando o óleo estiver quente, abaixe o fogo.

4. Tire as bolinhas de doce de leite do congelador. Você vai precisar de duas colheres de sobremesa: use uma para pegar uma bolinha de doce de leite e mergulhá-la na massa; com a outra, modele os bolinhos (passando de uma colher para a outra). Não trabalhe demais a massa para não derreter o doce de leite — ele precisa estar firme.

5. Com cuidado, passe a massa recheada para o óleo quente e deixe fritar até ficar dourado. Com uma escumadeira, retire a massa frita e coloque sobre um prato forrado com papel-toalha. Repita a operação até fritar todos os bolinhos.

6. Num prato fundo, coloque açúcar e canela em pó e misture bem. Empane os bolinhos e sirva a seguir.

À moda antiga

Sem recheio, apenas a massa frita no óleo quente, o bolinho de chuva fica mais clássico e menos calórico, claro. Pessoalmente, gosto muito dessa versão, menos churros, mais bolinho. Mas sei que, para muita gente, quem tá na chuva é pra se molhar!

{ Pitada 23 }

TRILHA SONORA
O BOLINHO DE CHUVA COMBINA COM AQUELE SOM QUASE INOCENTE DA JOVEM GUARDA. UM DOS MAIS FAMOSOS DAQUELA ÉPOCA FOI RESGATADO POR FERNANDA TAKAI E RODRIGO AMARANTE E, PARA COMBINAR AINDA MAIS, O NOME DA MÚSICA É "RITMO DA CHUVA".

BOLO PELADO DE CASTANHA-DE-CAJU COM DOCE DE MAMÃO VERDE OU NAKED CAKE BRASILEIRO

SERVE 12 PESSOAS
TEMPO DE PREPARO: POR ETAPAS, VOCÊ CHEGA LÁ!

Oba, oba, hora de fazer um naked cake. Ao trabalho, nobre confeiteiro! Este é um dos meus bolos favoritos para uma comemoração. Mesmo que seja apenas para celebrar a chegada do fim de semana.

Comece separando os utensílios que vão ajudar (e muito) a preparar e montar o bolo de três camadas. Uma consideração: num forno grande, de 90 cm, dá para assar as três camadas do bolo de uma vez só (você vai precisar de três fôrmas, portanto). Mas a maioria das pessoas vai fazer em mais de uma etapa. Utilize fôrmas de fundo removível (com gancho na lateral) de 24 cm de diâmetro cada.

PARA O CREME DE CONFEITEIRO

TEMPO DE PREPARO: 20 MINUTOS + 4 HORAS PARA ESFRIAR (DE PREFERÊNCIA, FAÇA NO DIA ANTERIOR)

1 litro de leite
6 gemas
2 colheres (sopa) de manteiga
1 xícara (chá) de amido de milho
1 ¼ de xícara (chá) de açúcar
2 colheres (chá) de essência de baunilha (ou as sementes de 1 fava de baunilha)

1. Leve ao fogo médio uma panela com o leite, a baunilha e metade do açúcar. Quando começar a ferver, desligue — cuidado para não deixar o leite derramar!

2. Numa tigela, bata as gemas e a outra metade do açúcar com um batedor de arame. Junte o amido de milho às gemas e misture bem. Acrescente um pouquinho do leite quente à mistura e mexa. Adicione o leite aos poucos, até terminar, mexendo sem parar — isso é importante para que as gemas não cozinhem.

3. Volte o creme à panela, leve ao fogo baixo e mexa com o batedor de arame até engrossar um pouco. Desligue o fogo, junte a manteiga e misture.

4. Passe o creme pela peneira diretamente para uma assadeira ou tigela grande. Espalhe e cubra com filme, encostando no creme — isso serve para não deixar formar uma película, nem ressecar. Leve à geladeira por cerca de 4 horas, até esfriar bem. Se puder, faça no dia anterior.

a receita continua...

Firmão?

Creme de confeiteiro pode ser menos firme, para rechear uma tortinha de frutas, por exemplo. Acontece que, para não escorrer — e ainda aguentar o peso das camadas de massa do naked cake —, ele precisa ser bem consistente, quase uma pasta. Para usar o creme em outras receitas, você pode reduzir bem o amido de milho. A metade será suficiente. Já para este bolo, nem pense em mexer nas proporções.

{ Pitada 24 }

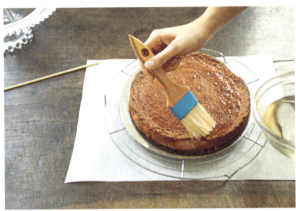

PARA A MASSA DE CASTANHA-DE-CAJU
TEMPO DE PREPARO: 20 MINUTOS + 35 MINUTOS PARA ASSAR + 15 MINUTOS PARA ESFRIAR

6 ovos
1 ½ xícara (chá) de açúcar refinado
⅔ de xícara (chá) de leite
300 g de manteiga em temperatura ambiente
1 xícara (chá) e 1 colher (sopa) de farinha de trigo
1 ¼ de xícara (chá) de castanha-de-caju
1 ½ colher (sopa) de fermento em pó
manteiga para untar

1. Preaqueça o forno a 180 ºC (temperatura média). Unte as fôrmas redondas, espalhando com pincel uma camada fina e uniforme de manteiga. Corte 3 discos de papel-manteiga, usando o fundo da fôrma como medida. Eles devem ficar do tamanho exato. Corte também 3 tiras de cerca de 80 x 12 cm para forrar as laterais das fôrmas. Pressione com os dedos para colar o papel na fôrma untada. Pincele também a manteiga sobre o papel.

2. Bata as castanhas-de-caju num processador ou dando pulsadas no liquidificador, até ficar com aspecto de farinha.

3. Numa tigela, coloque a farinha de trigo, passando pela peneira e junte a castanha-de-caju triturada, misturando bem.

4. Na batedeira, coloque o açúcar e a manteiga. Bata em velocidade média por 1 minuto. Em seguida, junte os ovos, um por um, batendo bem entre cada adição.

5. Baixe a velocidade e, aos poucos, adicione o leite e as farinhas de forma alternada, batendo apenas para misturar.

6. Divida a massa em 3 partes — cerca de 2 xícaras (chá) cada porção. Antes de levar ao forno, junte a cada parte ½ colher (sopa) de fermento em pó. Misture bem com o batedor de arame e transfira para as fôrmas. No caso de ter um único utensílio, as massas irão ao forno em três etapas. Mas atenção: deixe o fermento reservado e só misture na vez de assar.

7. Leve ao forno preaquecido para assar por 35 minutos, até que um palito espetado no bolo saia limpo. Retire do forno, deixe esfriar por 15 minutos, antes de tirar da fôrma. Coloque com o papel-manteiga sobre uma grade para esfriar.

8. Repita o processo com as outras partes da massa.

a receita continua...

TRILHA SONORA
MUITA GENTE ASSOCIA OS NAKED CAKES AOS BOLOS DE CASAMENTO. E COMO ELES SÃO PERFEITOS PARA UMA COMEMORAÇÃO, SEPARAMOS "VIVA LA VIDA" DA BANDA COLDPLAY. ISSO PORQUE ESSA MÚSICA É A QUERIDINHA DAS NOIVAS E AO MESMO TEMPO TRAZ TODO ESSE CLIMA DE FESTA.

PARA A CALDA
TEMPO DE PREPARO: 5 MINUTOS

3 colheres (sopa) de açúcar refinado
3 colheres (sopa) de água
1 colher (sopa) de conhaque

Numa panela pequena, leve o açúcar, a água e o conhaque ao fogo médio, misturando com uma espátula, até que todo o açúcar tenha sido dissolvido. Quando começar a ferver, conte 3 minutos e desligue o fogo. Reserve.

PARA A MONTAGEM E DECORAÇÃO
TEMPO DE PREPARO: 20 MINUTOS + 2 HORAS PARA FIRMAR

½ xícara (chá) de doce de mamão verde em conserva, cortado em cubos (e mais alguns para servir à parte)

1. Retire o papel-manteiga dos bolos. Deixe à mão tudo o que você vai precisar para a montagem: os 3 bolos, a calda de açúcar, o creme de confeiteiro e o doce de mamão verde. Utensílios: palito, pincel, espátula de confeiteiro e peneirinha para polvilhar.

2. No prato onde o bolo será servido, coloque o primeiro deles (o mais feinho) e, com um palito, faça furinhos bem delicados na massa, só para a calda infiltrar.

3. Coloque 2 colheres (sopa) de calda de açúcar numa tigela e, com o pincel, espalhe bem por toda a parte de cima, cuidando para não encharcar o bolo.

4. Coloque no centro do bolo metade da quantidade do creme e espalhe com uma espátula de confeiteiro (ou com as costas de uma colher). Faça uma camada lisa e uniforme, levando o creme para as laterais mas sem deixar chegar até a borda — muito menos escorrer. Com o peso do bolo, o creme vai se espalhar um pouco.

5. Coloque a segunda camada de massa sobre o creme. Faça outra vez o truque dos furinhos, pincele mais 2 colheres (sopa) de calda de açúcar e espalhe o restante do creme de confeiteiro.

6. Para o último bolo, repita até a etapa de pincelar a calda de açúcar. Leve à geladeira por pelo menos 1 hora, para firmar. Decore com o doce de mamão e sirva a seguir, com mais doce à parte. Para mim, doce de mamão verde é uma espécie de marron glacé brasileiro. Adoro!

Depois deste drinque,
que já é um aperitivo,
a torta da p. 136
vai muito bem.

Mais gelo

Vinho é a bebida da minha casa. No dia a dia, nas comemorações, para afogar as mágoas — só para matar a sede é que continuo bebendo água. De uns tempos para cá, porém, as garrafas de outras bebidas esquecidas no armário foram para uma prateleira na cozinha. Tinha uísque, cachaça, uns licores, vinho do Porto, Campari, Averna, gim e outros destilados que formariam um bom bar. Com as bebidas à mão, sabe que deu vontade de fazer drinques para tomar antes do jantar? Fiquei me sentindo tão gente grande... O preparo de um coquetel tem certa aura de glamour, mesmo que um pouco *old fashion*. Fiz algumas experiências, lembrei dos clássicos da casa dos meus pais, comecei a tomar nota dos meus favoritos. Virou assunto. E faltou gelo... Aprendi. Tem que ter mais gelo no congelador. Mas não apenas uma pedrinha ou outra. O segredo é comprar um saco de gelo britado e filtrado, que vale para o copo e para gelar o vinho no balde. Ah, sim, na hora do jantar continuo tomando vinho.

{ Pitada 25 }

Clericô verde

Aprendi a usar vinho verde para fazer clericô com o meu amigo Antonio Farinaci. E, sem querer, fiz uma adaptação que, para o meu gosto, ficou incrível! Na geladeira tinha uma garrafa de Schweppes Citrus... Uau! A combinação ficou perfeita. Numa jarra ou tigela, coloque frutas picadas ou fatiadas. Vale carambola, laranja, maçã, pera... Banana, manga e abacate eu não colocaria. Junte o vinho verde e o refrigerante na mesma proporção. Não precisa colocar nem suco nem açúcar. Se quiser dar uma turbinada, acrescente uma dose de conhaque ou de gim. Deixe na geladeira. Na hora de servir, complete com gelo.

{ Pitada 26 }

TUDO AZUL?

Dizem que todo fim é um novo começo. Então vamos terminar este capítulo com um aperitivo para iniciar uma nova viagem, agora toda em tons de verde. Nas primeiras páginas deste livro, demos um pulo em Marrakesh com um cuscuz marroquino, fizemos o mais prático dos pratos americanos, o mac'n'cheese — só que em versão mais saudável, recheado de abóbora —, criamos um aparelho de jantar cheio de pratinhos trazidos de viagem, fizemos drinques com vinho do Porto, eggs Benedict para um brunch delicioso, e depois aproveitamos o molho holandês para deixar o peixinho do dia a dia pronto para a festa. Teve ainda brownie com cardamomo, granola, grão-de-bico na despensa, bacalhau perfumado com uma cabeça inteira de alho, como se fosse um broche. Será que as pitadas ajudaram você a viajar um pouco mais na cozinha? Espero que sim. E para passar para uma nova fase, vamos fazer uma última viagem, só que no tempo. É hora de reinventar a velha fórmula e aposentar de vez aquele patê feito com sopa de cebola de pacotinho. Vamos preparar uma pastinha que também é rápida e fácil, mas é feita com cebola (de verdade!) caramelizada com ricota fresca. Vamos nessa?

PASTA DE CEBOLA CARAMELIZADA

SERVE 4 PESSOAS
TEMPO DE PREPARO: 30 MINUTOS

5 fatias de pão de fôrma integral sem casca
4 cebolas médias
1 xícara (chá) de creme de ricota (ou 1 embalagem)
2 colheres (sopa) de azeite
2 colheres (sopa) de óleo
caldo de 1 limão
noz-moscada a gosto
sal e pimenta-do-reino a gosto

1. Preaqueça o forno a 180 °C (temperatura média).

2. Descasque e corte as cebolas em rodelas finas, usando um mandolim (fatiador) ou uma faca afiada.

3. Leve uma frigideira grande ao fogo baixo. Quando esquentar, regue com óleo e junte as rodelas de cebola. Tempere com uma pitada de sal, misture bem e deixe a cebola caramelizar aos poucos, mexendo de vez em quando, até ficar bem dourada. Isso leva cerca de 15 minutos (e não adianta aumentar o fogo, a cebola vai queimar em vez de caramelizar).

4. Enquanto isso, coloque as fatias de pão no forno, até ficarem douradas por fora, mas macias por dentro, cerca de 7 minutos.

5. Retire do forno e corte as torradas ao meio, formando duas partes bem finas. Corte cada fatia na diagonal, formando triângulos. Arrume-as de volta na assadeira, com a face aberta para cima. Deixe dourar por mais alguns minutinhos, retire do forno e reserve.

6. Numa tábua, pique fino apenas a metade da cebola caramelizada. Transfira para uma tigela e junte o creme de ricota, o azeite, o caldo de limão e tempere com sal, noz-moscada ralada e pimenta-do-reino.

7. Coloque o restante da cebola caramelizada por cima da pasta e sirva a seguir com as torradas.

TRILHA SONORA
A GENTE TERMINA O CAPÍTULO DEDICANDO UMA MÚSICA ÀQUELES QUE TÊM RECEIO DE ERRAR UMA DAS RECEITAS DO LIVRO. "NÃO DESANIME, VÁ ATÉ O FIM", COMO NA TRAGICÔMICA LETRA DE CHICO BUARQUE PARA A MÚSICA "ATÉ O FIM".

A CONSCIÊNCIA É VERDE

Vamos fazer uma pausa, coisa rápida. É para pensarmos em como deixar a cozinha mais verde. Essa é a cor do frescor, da saúde, da esperança — e da caipirinha! Sem dúvida. Mas ela ainda representa um novo momento, um novo valor, o do consumo consciente. E isso também entra na panela. Talvez a primeira coisa a ser feita seja preparar porções mais exatas, para que não haja tanta sobra, e assim criamos menos lixo orgânico. Já notou o tanto de comida que vai parar na lixeira? Ou porque venceu na geladeira, ou porque o olho foi maior que a boca (e do prato a comida vai para o lixo). Outra alternativa, para quem não consegue cozinhar de pouquinho, é congelar a torta que sobrou em porções individuais e só servir de novo quando você não se lembra mais dela — comer o mesmo prato no dia seguinte ninguém aguenta.

Cozinhar na medida é mais econômico. E também uma estratégia para deixar a alimentação mais saudável. Ah, sim, porque para comer de tudo tem que comer pouco – é uma questão matemática. E é bem mais difícil resistir a só mais um pouquinho da lasanha, se tem tanto na travessa. Então, vamos tentar cozinhar mais vezes por semana, menos quantidade a cada vez, e deixar aquela mesa farta, com comida suficiente para alimentar um batalhão, para as ocasiões especiais, encontros de amigos e familiares. E, sempre que der, vamos celebrar a vida e convidar as pessoas queridas para dividir uma mesa cheia de pratos deliciosos, como a torta rústica e o bacalhau à lagareiro, revigorado com o frescor das ervilhas tortas. (Logo mais você vai ver as receitas.)

Já no dia a dia, vamos (tentar) deixar a cozinha superprática, com ingredientes que vão do congelador para a panela, como as ervilhas frescas, que se transformam em uma infinidade de receitas, da sopa fria ao risoto feito na panela de pressão. Pausa feita, vamos pra cozinha?

Nutrição

Em vez de salada, vamos de sopa geladinha para começar o jantar. Ótima para variar o cardápio. Mas temos que nos programar: a receita pode ser feita pela manhã e fica na geladeira até a hora de servir. Ou prepare no dia anterior. Aliás, quem planeja se alimentar melhor, preste atenção nesta pitada — esse é um dos pilares da boa nutrição. Um exemplo: precisa esperar a fome bater no meio da tarde para descobrir que não tem nada para comer no escritório? Aí, no desespero, a gente acaba mandando ver o bolo de chocolate do café da esquina. Daria para ter levado de casa uma fruta, um iogurte, mas planejamento não parece ser um ponto forte dos brasileiros. Pelo menos, não nesse quesito. Voltando à sopa fria, receitas que vão para a geladeira deixam a cozinha mais prática: na hora da refeição, tem comida pronta, só que feita em casa.

{ Pitada 27 }

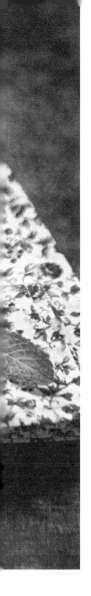

SOPA FRIA DE ERVILHA FRESCA COM HORTELÃ

SERVE 4 PESSOAS
TEMPO DE PREPARO: PÁ-PUM

É mais fácil achar boas sopas quentes do que frias — parece até que só existe gaspacho, vichyssoise e borche. Todas são saborosíssimas (não é à toa que se tornaram clássicas), mas há outras possibilidades. Talvez por isso eu tenha colocado a temperatura no título da receita. Mas essa preparação também pode ir quente à mesa. E, nesse caso, ganha uma característica especial: um prato que é ao mesmo tempo reconfortante e refrescante. Em dias frios, prefiro usar um caldo de músculo. No verão, o de legumes vai muito bem. Sirva como preferir. Agora, a receita é sua.

600 g de ervilhas congeladas
1 litro de caldo de legumes (ver p. 177)
½ xícara (chá) de hortelã fresca
4 colheres (sopa) de azeite
sal e pimenta-do-reino moída na hora a gosto
4 talos de hortelã para decorar

1. Lave e seque bem as folhas de hortelã. Rasgue grosseiramente com as mãos e coloque numa tigela.
2. Numa panela, coloque o caldo de legumes e a ervilha congelada. Leve ao fogo alto, até ferver e desligue.
3. Transfira para o liquidificador. Junte as folhas de hortelã e tempere com sal e pimenta-do-reino. Com a ajuda de um pano de prato, segure bem firme a tampa do liquidificador (caso contrário, a força do vapor vai abrir a tampa e aí já viu...). Bata bem, até a sopa ficar lisinha.
4. Passe a sopa para uma tigela. Para a versão fria, leve à geladeira por no mínimo 2 horas antes de servir. Na hora de levar à mesa, salpique com folhas dos talos de hortelã e regue com cerca de 1 colher (sopa) de azeite em cada prato. Em dias frios, descubra o prazer de tomar uma sopa quente e refrescante ao mesmo tempo. Sirva bem quentinha, com bastante hortelã e um punhado de pipoca no lugar do crouton de pão.

TRILHA SONORA
UMA RECEITA RAPIDINHA COMO ESSA PEDE UM SOM ESPERTO
E BEM-HUMORADO, COMO O DO TRIO VOCAL PUPPINI SISTERS.
A INSPIRAÇÃO DELAS VEM DOS ANOS 1940, MAS O REPERTÓRIO
VISITA VÁRIAS ÉPOCAS. NESSE CASO, UMA VERSÃO DE "PANIC",
DO GRUPO BRITÂNICO THE SMITHS. A MÚSICA TAMBÉM É PÁ-PUM,
TEM POUCO MAIS DE 2 MINUTOS.

Ervilhas frescas (congeladas)

Bolinhas verdes podem ser traumáticas para quem cresceu antes do advento das ervilhas frescas compradas congeladas — era uma tristeza topar com aquela coisa insossa, as ervilhas enlatadas, bem no meio da empadinha ou da torta de frango. Por sorte, isso é coisa do passado. Já os saquinhos repletos dessas pérolas verdejantes são ótimos para o dia a dia. Além da sopa da página anterior, ervilhas congeladas se transformam em pratos incríveis e dão frescor imediato às mais variadas preparações. Refogue no bacon, do congelador direto para a frigideira, e sirva acompanhando o franguinho grelhado. Bata no processador e faça um purê diferente para servir com peixe. São inúmeras as possibilidades e elas estão a dois passos de distância (caso você se lembre de incluir uns pacotes na sua lista de compras, claro). Ficam no congelador, aguardando a sua vez de ir para a panela. Aliás, sabia que congelador cheio gasta menos energia do que vazio? Estoque e garanta refeições fresquíssimas. É um paradoxo da vida moderna. Mas o fato é que um produto comprado congelado pode ser mais fresco do que os legumes comprados na feira há dois ou três dias, e que já levaram dias para chegar até lá.

{ Pitada 28 }

Nas próximas páginas tem mais receitas para aproveitar este ingrediente cheio de ~~preguiça~~ praticidade.

RISOTO DE ERVILHA E HORTELÃ NA PRESSÃO

SERVE 4 PESSOAS
TEMPO DE PREPARO: VAI SER MENOR DO QUE PARECE...

PARA O RISOTO

2 xícaras (chá) de arroz arbóreo
1 litro de água
½ xícara (chá) de vinho branco seco
1 cebola
1 cenoura
1 talo de salsão
3 folhas pequenas de louro
3 cravos-da-índia
2 colheres (sopa) de azeite
sal e pimenta-do-reino moída na hora, a gosto

1. Numa tábua, corte a cebola ao meio, no sentido do comprimento, sem descascar. Retire a casca de uma das metades e pique fino. Sem descascar a outra metade, espete os cravos-da-índia.

2. Lave, descasque e corte a cenoura em 3 partes. Lave também o talo de salsão, mantendo as folhas. Corte em 2 partes.

3. Na panela de pressão com capacidade para 4,5 litros, aqueça o azeite em fogo baixo. Junte a cebola picada fino e tempere com sal e pimenta-do-reino a gosto. Mexa bem.

4. Quando a cebola murchar e ficar transparente, junte o arroz e misture bem.

5. Regue com o vinho branco e mexa até secar — não é para esturricar!

6. Junte a água, a cenoura, o salsão, a cebola cravejada, o louro e tempere novamente com sal e pimenta-do-reino. Tampe a panela e aumente o fogo para alto.

7. Assim que começar a sair o primeiro vaporzinho pela válvula, conte 3 minutos. Desligue imediatamente. Com um garfo, levante a válvula para retirar a pressão.

8. Leve uma panelinha com 1 xícara (chá) de água ao fogo alto para usar na finalização.

PARA A FINALIZAÇÃO

1 xícara (chá) de ervilhas congeladas
½ xícara (chá) de queijo parmesão ralado
2 colheres (sopa) de manteiga
20 folhas de hortelã

1. Assim que o vapor sair completamente, abra a tampa e pesque a cenoura, o salsão, a cebola cravejada, o louro e descarte.
2. Junte as ervilhas congeladas e volte a panela ao fogo alto. Mexa vigorosamente e, caso o risoto comece a secar, junte um pouco de água fervente e continue mexendo. Verifique o ponto do arroz: ele deve estar cremoso, mas com os grãos ainda resistentes à mordida. Se já estiver al dente, desligue o fogo e acrescente a manteiga, o queijo parmesão e a metade das folhas de hortelã. Misture bem e sirva a seguir, salpicando mais folhas de hortelã no prato.

TRILHA SONORA
UM PRATO ITALIANO COMO O RISOTO PEDE UMA MÚSICA FEITA NA ITÁLIA, MAS NESSE CASO COM UM CERTO FRESCOR, PORQUE TEM HORTELÃ NA RECEITA. ASSIM É O SOM DO DJ E PRODUTOR NICOLA CONTE. NA CANÇÃO "DO YOU FEEL LIKE I FEEL", ELE CONTA COM O VOCAL DO JAZZISTA NORTE-AMERICANO GREGORY PORTER.

Risoto de quê?

Mude os ingredientes da finalização e prepare o risoto que preferir. Vale muçarela de búfala com tomate e manjericão; pera e gorgonzola; limão e presunto cru; queijo de cabra com figo seco. São infinitas as possibilidades, e as melhores são aquelas em que você aproveita todos os potinhos largados na geladeira, sabe? E capriche nos complementos: ervas frescas, parmesão de boa qualidade, azeite de primeira, sal marinho e pimenta-do-reino sempre moída na hora. Acredite, isso faz a maior diferença.

{ Pitada 29 }

O mais ~~caliente~~ romântico dos risotos está na p. 234.

ORECCHIETTE COM ERVILHA FRESCA E BACON
SERVE 2 PESSOAS
TEMPO DE PREPARO: NEM 20 MINUTOS

Vamos preparar mais um prato deliciosamente rápido com as ervilhas congeladas? Do risoto vegetariano, da página anterior, passamos para uma massa leve e ao mesmo tempo potente. Bacon tem essa característica: ele dá personalidade aos pratos. E como combina com essas ervilhas.

2 xícaras (chá) de orecchiette
1 colher (sopa) de sal
1 xícara (chá) de ervilhas congeladas
150 g de bacon em cubinhos
½ xícara (chá) de hortelã fresca
sal e pimenta-do-reino moída na hora
4 lascas de queijo parmesão para decorar

TRILHA SONORA
BACON COMBINA COM UM SOM MAIS RÚSTICO, UM BLUES POR EXEMPLO. PARA ACOMPANHAR ESSA ERVILHA COM BACON UMA OUTRA DUPLA: B. B. KING E ERIC CLAPTON COM "RIDING WITH THE KING".

1. Leve uma panela média, com 1,5 litro de água ao fogo alto. Junte 1 colher (sopa) de sal. Quando começar a borbulhar, coloque o macarrão e deixe cozinhar conforme as instruções da embalagem.

2. Enquanto o macarrão cozinha, leve ao fogo médio uma frigideira antiaderente grande. Quando aquecer, coloque os cubos de bacon. Mexa de vez em quando, até dourar, sem deixar esturricar. Não precisa colocar azeite.

3. Desligue o fogo para o bacon não queimar e junte as ervilhas congeladas. Tempere com pimenta-do-reino moída na hora (o bacon costuma ser bem salgado). Misture bem, fora do fogo mesmo, apenas para descongelar e aquecer as ervilhas.

4. Reserve ½ xícara (chá) da água do cozimento e escorra bem o macarrão. Transfira a massa para a frigideira imediatamente. Coloque em fogo médio, misture bem e prove para acertar o tempero. Acrescente um pouco da água do cozimento para a massa não ficar ressecada. Salpique as folhas de hortelã e sirva em seguida com as lascas de parmesão.

Parmesão em lascas

Um bom queijo ralado na hora "gourmetiza" até macarrão na manteiga. Se em vez de ralado for em lascas, melhor ainda. Além das massas, elas também deixam saladas e sopas mais elegantes. A melhor maneira de prepará-las, porém, não é no ralador. Use um descascador de legumes — segredinho de chef.

{ Pitada 30 }

Massa à parisiense

Os saudosistas, ou pessoas que andam com o paladar nostálgico, a turma dos "dias feliz de nossas vida", enfim, o nosso lado Adoniran vai adorar transformar esse macarrão pá-pum no bom e velho espaguete à parisiense. Além de trocar o orecchiette por uma massa de fio longo, coloque creme de leite fresco no lugar da água do cozimento. Já o bacon não precisa ser substituído por presunto. E as folhas de hortelã dão aquele toque de novidade necessário. As gravações antigas também precisam ser remasterizadas.

{ Pitada 31 }

ERVAS NA COZINHA

Salsinha, cebolinha, coentro, manjericão, tomilho, alecrim, sálvia, hortelã, endro... Um vasinho aqui, outro ali, e as refeições vão ficar incrivelmente mais saborosas. Ervas frescas são essenciais na cozinha. Elas dão sabor, graça e frescor a todo tipo de preparação. E também deixam o ambiente charmoso. O meu tacho de cobre, recheado de vasos de ervas plantadas, faz o maior sucesso — ideia da minha amiga Helena Lunardelli. E como você faz para as suas ervas não morrer?, perguntam os leitores do blog. Bem, não tenho boas notícias. Temos que nos conformar com a fragilidade do ser humano e das ervas frescas, plantadas em vasinhos que moram na cozinha. Elas também morrem. Imagino que se estivessem num jardim, sob cuidados eternos de mãos habilidosas, as ervinhas teriam mais chances de atravessar gerações. Aqui, porém, vale uma comparação: quanto tempo dura um maço de salsinha na geladeira? Três, quatro dias? Uma semana que seja. Já um singelo vasinho de plástico preto pode fornecer o frescor da erva por alguns meses. Dois, três, talvez. Não vale a pena?

Salsinha

Pique fino e misture ao arroz pronto, ao purê de batatas; coloque folhas inteiras na salada de alface, na de lentilha; é essencial para fazer o tabule.

{ Pitada 32 }

Manjericão

Vai tomate? Coloque manjericão. Folhas frescas combinam com figos, doces ou salgados, com presunto cru, com macarrão ao alho e óleo, no sanduíche de queijo. O importante é saber que manjericão não gosta de calor — não é só o frescor que vai embora, o sabor também. É sempre o último que vai para a panela, no final do cozimento. Faça também pestos rápidos, frescos e rústicos. Receita em 30 segundos: bata no processador 1 xícara (chá) de folhas de manjericão (ou basilicão), ¼ de xícara (chá) de nozes picadas, 1 dente de alho, ¼ de xícara (chá) de queijo pecorino (parmesão ou meia cura) e regue com ½ xícara (chá) de azeite.

{ Pitada 33 }

Coentro

Comida baiana, pratos tailandeses, ceviches, salgados com leite de coco, tudo vai bem com essa erva amada por uns e odiada por outros. Eu sou das que amam. Com salada de gomos de laranja, com suco de tangerina, com carne de porco, comida apimentada, no peixe ao molho tarator.

{ Pitada 34 }

Tomilho

É dos assados, das carnes e dos legumes. Picanha no forno, paleta de cordeiro assada, até o bife do dia a dia pode ganhar um raminho na frigideira para emprestar sabor à manteiga ou ao azeite. Vai bem com abóbora, maçã, cebola, cenoura, todos assados. No molho bolonhesa, no molho de tomate para as almôndegas. Debulhe um ou dois ramos e descubra como esses pequenos detalhes fazem toda a diferença.

{ Pitada 35 }

Hortelã

Use em todas as receitas com ervilhas frescas, em saladas de grãos, seja grão-de-bico ou lentilha. Utilize para refrescar a salada de frutas, ou para se aquecer com um chá de hortelã.

{ Pitada 36 }

Alecrim

Batata frita, assada rústica, carne de cordeiro, focaccia e outros pães, todos ficam felizes da vida com um pouco de alecrim. Frango com laranja ou limão e alecrim é um clássico (lá em casa!), costelinha de porco também. Coloque na grelha do churrasco, junto com as linguiças.

{ Pitada 37 }

Sálvia

Nhoque de batata, em vez de molho de tomate, fica incrível frito na manteiga com folhas frescas dessa erva de sabor ligeiramente metalizado. No frango assado e no grelhado também vai bem. Receita rápida: doure 2 peitos de frango na frigideira com 1 maçã fuji em gomos e 5 folhas de sálvia. Regue com ¼ de xícara (chá) de vinho branco e deixe evaporar; junte ½ xícara (chá) de creme de leite fresco e misture até aquecer. Tudo bem temperadinho com sal e pimenta-do-reino.

{ Pitada 38 }

Endro

Simplesmente indispensável no preparo do salmão. Dá uma força para a salada de batatas. Fica incrível na salada de pepino com iogurte. Mas também funciona nas mais variadas receitas cítricas, como almôndegas de carne ou de peixe, fritinhas na manteiga com endro e caldo de limão.

{ Pitada 39 }

Cebolinha

Corte em fatias finas e polvilhe no peixe frito, no frango grelhado, na asinha de frango assada, no tartar de salmão. Corte o talo ao meio no sentido do comprimento, as metades em pedaços de 3 cm e frite no óleo; misture com fatias fritas, com rodelas de berinjela grelhadas, com batata doce assada. Fica incrível!

{ Pitada 40 }

Gosta de hortelã mas não gosta de bebida alcoólica? Então não perca o segredo do chá marroquino na p. 142.

Mojito perfumado

Fiquei fascinada quando meu amigo Antonio Farinaci contou que fazia aula de coquetelaria. Que tipo de gente toma aulas de coquetelaria? Não basta tomar uns bons drinques? Meio sem querer, o Antonio virou meu professor. Durante as participações dele no *Panelinha no Rádio*, que em 2013 foi ao ar aos domingos, na hora do almoço, ele era responsável por preparar os aperitivos e sempre trazia dicas incríveis. Quer uma? "A hortelã é muito delicada, não amasse junto com o limão para fazer o mojito. Ela fica com gosto de fim de feira. Esfregue um maço dentro do copo e descarte essas ervas. Depois use outro raminho para decorar o drinque", explica.

Para preparar o mojito, depois esfregar um punhado de hortelã (lavada e seca) no interior e na borda de um copo alto, junte: 1 colher (chá) de açúcar com 1 gomo de limão e amasse com o socador. Adicione 1 dose de rum (branco), coloque mais 1 raminho de hortelã para enfeitar, encha o copo com pedras de gelo e complete com Club Soda (ou água com gás).

{ Pitada 41 }

Ar de novidade

Junto com a minha equipe, além de testar receitas, estamos sempre atrás de dicas rápidas para o blog Pitadas – e para as minhas pitadas na rádio Eldorado. Nem todas precisam ser úteis para mim, pois o nosso objetivo é ajudar a deixar a cozinha mais prática e saborosa, independentemente dos costumes de cada um. Mas algumas pitadas viram mania na minha casa. A de usar ervilha torta para dar uma revigorada em pratos clássicos é uma delas. O velho bacalhau a lagareiro, a seguir, ganhou um superfrescor com a crocância e o verde dessa leguminosa. No dia a dia, ela é também um acompanhamento saudável e rápido de preparar. Basta cozinhar no vapor ou refogar no alho e óleo. Também fica ótima com shoyu.

{ Pitada 42 }

BACALHAU À LAGAREIRO

SERVE 6 PESSOAS
TEMPO DE PREPARO: 30 MINUTOS + 40 MINUTOS NO FORNO

6 lombos de bacalhau dessalgados congelados
1 litro de leite
1 kg de batata bolinha
3 cabeças de alho
¾ de xícara (chá) de azeite
1 punhado de ervilha torta
sal e pimenta-do-reino a gosto

1. Na véspera, transfira as postas de bacalhau do congelador para a geladeira. É sempre melhor descongelar no dia anterior. Nada de colocar na tigela com água quente, por favor. Acaba com as qualidades nutricionais dos alimentos.

2. Lave as postas de bacalhau em água corrente. Lave também as batatas — não é necessário descascar. Corte uma pontinha de cada cabeça de alho.

3. Preaqueça o forno a 200 °C (temperatura média-alta). Numa assadeira pequena, coloque as cabeças de alho e deixe no forno enquanto ele aquece.

4. Numa panela grande, junte o leite e as postas de bacalhau. Leve ao fogo médio e, quando ferver, abaixe o fogo e deixe cozinhar por 10 minutos. Com uma escumadeira, retire as postas de bacalhau e transfira para uma assadeira grande.

5. Coloque as batatas já lavadas na panela com o leite onde o bacalhau foi afervantado. Leve ao fogo médio e, quando ferver, deixe cozinhar por 10 minutos. Retire as batatas e reserve o leite para outra receita, como molho bechamel ou para fazer arroz.

6. Com uma faquinha, retire a pele de cada lombo e descarte. Na assadeira grande, junte as batatas e regue tudo com azeite. Retire as cabeças de alho do forno e transfira para a assadeira com o bacalhau. Tempere com sal e pimenta-do-reino moída na hora.

7. Leve o bacalhau ao forno e deixe assar por 40 minutos. Enquanto isso, lave as ervilhas tortas e retire a fibra que fica na lateral da vagem: é só puxar com uma faquinha. Faltando 10 minutos, junte as ervilhas na assadeira. Sirva a seguir.

TRILHA SONORA
JÁ QUE A RECEITA É DE BACALHAU, ESCOLHEMOS UMA CANTORA BRASILEIRA QUE OS PORTUGUESES ADORAM. E COMO ESSE BACALHAU GANHOU VIDA NOVA COM A ERVILHA, OUÇA A NOVA VIDA QUE ADRIANA CALCANHOTTO DEU À MÚSICA "ASSIM SEM VOCÊ", DA DUPLA CLAUDINHO E BUCHECHA.

ESPINAFRE COM PASSAS BRANCAS
SERVE 4 PESSOAS
TEMPO DE PREPARO: 20 MINUTOS

Tem gente que detesta uva-passa na comida. Mas também tem gente que ama... A questão é que há jeitos e jeitos de usar e de preparar essas delicadas passinhas — além do mais, elas são boas fontes de antioxidantes. Espinafre com uva-passa é uma combinação poderosa! Acompanhamento delicioso e ultrassaudável.

1 maço de espinafre
½ xícara (chá) de uvas-passas brancas
¼ de xícara (chá) de rum
2 dentes de alho
2 colheres (sopa) de azeite
sal e pimenta-do-reino moída na hora a gosto

1. Lave o maço de espinafre sob água corrente. Separe as folhas dos talos e deixe de molho por 10 minutos em água com solução esterilizante (tipo Hidrosteril) ou vinagre. Reserve os talos para outra preparação (picado e refogado no arroz fica ótimo).

2. Enquanto o espinafre fica de molho, aproveite para hidratar as passas: numa tigelinha, junte as uvas-passas com o rum e deixe lá até a hora de usar.

3. Numa tábua, descasque e pique fino o alho.

4. Transfira as folhas de espinafre para um escorredor — descarte a água por último; assim, as sujeirinhas ficam no fundo da tigela.

5. Leve ao fogo médio uma frigideira grande, de preferência antiaderente. Quando aquecer, junte o azeite e o alho e dê uma chacoalhada. Retire a frigideira do fogo (para não ter perigo de o álcool inflamar) e junte as passas com o líquido.

6. Volte a frigideira ao fogo médio e, quando o líquido evaporar, junte as folhas de espinafre. Tempere com sal e pimenta-do-reino. Mexa por cerca de 3 minutos ou até que o espinafre murche. Desligue o fogo, verifique os temperos e sirva em seguida.

TRILHA SONORA
E JÁ QUE ESSA RECEITA TRANSPIRA SAÚDE, ESCOLHEMOS UMA DAQUELAS MÚSICAS QUE LEVANTAM QUALQUER FESTA OU ANIMAM QUALQUER TREINO: "GROOVE IS IN THE HEART", DO TRIO DEEE-LITE.

Arroz de festa

Não é raro encontrar no fim da festa aqueles montinhos de uva-passa nos cantos dos pratos. Se elas tivessem sido hidratadas, é possível que isso não acontecesse — passas suculentas e macias são deliciosas. Se você não quer cozinhar com bebidas alcoólicas, use água. Mas saiba que usar conhaque ou rum não tem comparação — não vou mentir para você. Outro truque é escolher uvas-passas brancas, que têm sabor mais leve e adocicado que as pretas.

{ Pitada 43 }

Prato principal

Um ovo frito é suficiente para transformar este acompanhamento num jantar leve e delicioso para o corre-corre da semana. Se você tem a sorte de ter à mão uma fatia de pão com fermentação natural, vai notar que o prato chega limpinho à pia. Raspar a gema com um pedaço de pão é um dos grandes prazeres da mesa. Uma taça de vinho branco — de preferência espumante — e a refeição estará completa. (Sim, espumante para celebrar os pequenos prazeres da vida.)

{ Pitada 44 }

Crianças bem-educadas

É óbvio, mas eu nunca tinha me dado conta. O que sempre soube é que esses palitinhos de legumes são ótimos para acalmar a fome dos convidados, sem acabar com o apetite, antes mesmo de o jantar preparado com tanto esmero ser servido. São leves, saborosos — e elegantérrimos! Até aí, tudo bem. Só não tinha me ocorrido que eles são obrigatórios na mesa infantil. Aprendi com o meu marido. Assim como quem não quer nada, deixe à mão dos pequenos um copinho repleto de palitinhos de cenoura, pepino, salsão e erva-doce. Até umas fatias de rabanete podem encontrar um caminho para conquistar um paladar em formação. Sirva tudo com um molho refrescante: basta temperar um potinho de iogurte com azeite, pimenta-do-reino, sal e finalizar com bastante hortelã picada. Uma camadinha de sal grosso no fundo dos copos ajuda a deixar as *crudités* em pé.

{ Pitada 45 }

SUCO VERDE PARA DESINTOXICAR
RENDE 1 JARRA
TEMPO DE PREPARO: 10 MINUTOS

Está querendo dar uma melhorada na alimentação? Com este suco você ingere de uma vez vários nutrientes e substâncias que fazem bem à saúde, especialmente ao fígado, que precisa se livrar de excessos para o corpo funcionar melhor. "E como tem excessos por aí! Isso porque todas as comidas, bebidas, medicamentos, agrotóxicos e outras coisas que entram no corpo acabam passando pelo fígado", explica a nutricionista Marcia Daskal, autora do Vitaminado, blog de nutrição do Panelinha. "Então tudo o que ajude a limpar a área é bem-vindo", finaliza Marcia.

2 xícaras (chá) de melancia em cubos
1 ½ xícara (chá) de abacaxi em cubos
1 maçã fuji cortada em metades
1 colher (sopa) de gengibre ralado
6 folhas de couve
1 xícara (chá) de água filtrada
pedras de gelo a gosto

TRILHA SONORA
DEPOIS DE UM SUCO DESINTOXICANTE ASSIM: SINAL VERDE. POR ISSO A TRILHA SONORA DESSA RECEITA É "GREEN LIGHT" DE JOHN LEGEND COM A PARTICIPAÇÃO DO RAPPER ANDRE 3000.

1. Lave as folhas de couve em água corrente. Transfira para uma tigela grande com água e 1 colher (sopa) de vinagre e deixe de molho por 10 minutos. Retire da água em vez de escorrer — dessa forma as sujeirinhas ficam no fundo da tigela. Com uma faca afiada, retire o talo de cada folha e descarte. Pique as folhas grosseiramente.

2. No liquidificador (ou na centrífuga), bata bem todos os ingredientes, até ficar um verde intenso e homogêneo. Passe pela peneira e sirva com umas pedrinhas de gelo.

Cubos de gelo de saúde

Outra maneira de ter sempre à mão o suco verde é preparando uma base e congelando em fôrmas de gelo. Bata no liquidificador algumas folhas com água suficiente para formar um extrato líquido. Leve ao congelador e, pela manhã, bata duas ou três pedrinhas com o seu suco favorito.

{ Pitada 46 }

PEITO DE FRANGO COM MOLHO DE LARANJA
SERVE 2 OU 3 PESSOAS
TEMPO DE PREPARO: 15 MINUTOS + 20 MINUTOS PARA MARINAR

PARA O FRANGO E MOLHO

4 filés de peito de frango
2 xícaras (chá) de suco de laranja
¼ de xícara (chá) de azeite
1 dente de alho
1 colher (sopa) de farinha de trigo
1 ramo de alecrim fresco
sal e pimenta-do-reino moída na hora a gosto
azeite para untar

TRILHA SONORA
E ESSE MOLHINHO DE LARANJA LEMBROU UM CLÁSSICO DE THEO DE BARROS, NUMA GRAVAÇÃO MARCANTE DE ELIS REGINA: "MENINO DAS LARANJAS".

1. Sob água corrente, lave os filés de frango. Aproveite para descascar e amassar o dente de alho.

2. Esprema apenas 1 xícara de suco de laranja (a outra será usada mais para a frente) e, numa tigela grande, misture com ¼ de xícara (chá) de azeite e o dente de alho (descascado e amassado). Mergulhe os filés de frango, tampe com o prato e deixe marinar por 20 a 30 minutos, em temperatura ambiente (se quiser deixar mais tempo, leve à geladeira). Atenção: não use o filezinho de frango, e sim o filé, que nada mais é do que a metade de um peito inteiro.

3. Enquanto o frango fica na marinada, prepare o purê de batatas (veja a receita na p. 199) ou o acompanhamento que você preferir, como um cuscuz marroquino com grão-de-bico (p. 112).

4. Quando o acompanhamento estiver pronto, preaqueça o forno a 150 ºC (temperatura baixa). Junte à marinada mais 1 xícara (chá) de suco de laranja.

5. Leve ao fogo médio uma frigideira antiaderente grande. Quando aquecer, regue com um fio de azeite (apenas para untar o fundo).

6. Com uma pinça, erga um filé de frango e deixe a marinada escorrer bem. Coloque a parte de cima para dourar primeiro. Coloque dois filés por vez. Tempere com sal e pimenta-do-reino e não mexa mais na carne. Depois de 4 minutos, vire, tempere novamente e deixe cozinhar por mais 4 minutos. Doure apenas dois filés por vez. Atenção: para que o frango cozinhe direitinho, a frigideira tem que estar quente, mas não soltando fumaça. Caso contrário, ele irá queimar por fora e continuar cru por dentro.

7. Transfira os peitos para um refratário e leve ao forno preaquecido para que não esfriem enquanto você termina de dourar os outros filés. Repita o procedimento e deixe o frango no forno enquanto prepara o molho.

8. Junte à marinada 1 colher (sopa) de farinha de trigo. Misture bem, até dissolver. Abaixe o fogo da frigideira na qual o frango foi preparado e misture o líquido de uma vez.

9. Com uma colher de pau, vá raspando o fundo da frigideira — depois o molho vai passar pela peneira, mas esses queimadinhos do fundo é que vão garantir o sabor do molho. Mexa vigorosamente por 2 minutos. Junte 1 ramo de alecrim e deixe cozinhar por cerca de 10 minutos, mexendo de vez em quando, até o molho engrossar. Se passar do ponto, regue com água.

10. Desligue o fogo e passe o molho pela peneira. Prove o tempero e acerte com sal e pimenta-do-reino. Sirva em seguida ainda quente sobre o filé de frango, acompanhado do purê de batatas ou do cuscuz marroquino.

O purê de batatas está na p. 199. Tem também purê de abóbora com ricota e curry na p. 183.

Frango grelhado arrumado

Em vez de o filé de frango ir direto da frigideira para a travessa, ele pode passar pela tábua e ganhar cortes especiais. Um jeito simples e charmoso de apresentar o prato é cortando o filé inteiro na diagonal, da direita para a esquerda (se você não for canhoto), num corte só. No prato, desloque a metade de cima ligeiramente e regue com o molho (veja o prato da direita na foto). Outra possibilidade é fatiar o filé na diagonal e servir em leque. Se a fome for maior, sirva dois filés, um apoiado sobre o outro, mas sem cortar, para manter a temperatura por mais tempo.

{ Pitada 47 }

Prefere arroz? Veja o da p. 276.

CUSCUZ MARROQUINO COM GRÃO-DE-BICO

SERVE 2 PESSOAS
TEMPO DE PREPARO: PÁ-PUM

TRILHA SONORA
E PRA ACOMPANHAR ESSA RECEITA, "MISREAD", O SOM SIMPLES E DE BELAS MELODIAS DO DUO NORUEGUÊS KINGS OF CONVENIENCE.

1 xícara (chá) de cuscuz marroquino
¼ de xícara (chá) de grão-de-bico pré-cozido
1 xícara (chá) de água ou caldo de legumes
¼ de colher (chá) de canela em pó
¼ de colher (chá) de cominho ou páprica doce
1 cravo-da-índia
1 colher (sopa) de azeite
raspas de ½ limão
1 colher (chá) de sal

1. Numa panelinha, leve 1 xícara (chá) de água ou de caldo de legumes ao fogo alto. Misture a canela, o cominho e o cravo-da-índia.

2. Enquanto isso, coloque o cuscuz marroquino numa tigela, misture o sal, as raspas de limão e o grão-de-bico.

3. Quando a água (ou caldo) ferver, retire o cravo e descarte. Meça 1 xícara (chá) e regue sobre o cuscuz. Misture o azeite rapidamente e tampe a tigela com um prato para hidratar. Depois de 5 minutos (ou o tempo indicado na embalagem), solte o cuscuz com um garfo. Está pronto para servir.

Homus a jato

Grão-de-bico é um sujeito temperamental, um pouco arisco no trato — mas não feito pipoca, que sai pulando da panela. A questão é que, num dia, ele cozinha em 40 minutos, no outro, leva mais de 1 hora. A explicação técnica está na idade dos grãos: quanto mais velhos, mais ressecados ficam e precisam de mais tempo para cozinhar. Logo, bastaria deixá-los bem hidratados que o tempo de cozimento seria sempre o mesmo. Na prática, não é o que acontece: ele só fica pronto quando quer.

No método clássico, os grãos ficam de molho em bastante água, por 12 horas, depois vão para a panela com outra água e cozinham em fogo bem baixo, por bastante tempo. Ou seja, não se economiza nem água nem gás. Nem o seu tempo. Pode parecer picuinha da minha parte, mas é nos detalhes que a gente consegue deixar a cozinha mais prática. É por isso que, mais no começo do livro, já dei a pitada (14) na lata: tenha sempre à mão um pouco de grão-de-bico já cozido, pronto para ser usado. Vale o enlatado ou aquele embalado a vácuo. Ele deixa esse cuscuz marroquino mais interessante e nutritivo num piscar de olhos. Também pode ser incorporado aos mais variados ensopados, sempre no final do cozimento. Vira saladas práticas (logo mais conto algumas opções). E, para fazer um homus a jato, bata no processador:

1 lata de grão-de-bico (escorra e reserve o líquido)
¼ de xícara (chá) de tahine (pasta de gergelim, de preferência importada)
¼ de xícara (chá) de caldo de limão
1 dente de alho

Se estiver muito encorpado, regue com o líquido reservado, aos poucos. Bata até ficar lisinho. Verifique o sabor e tempere com sal. Bata novamente. Transfira para uma travessinha, regue com azeite e polvilhe com páprica doce.

{ Pitada 48 }

SALADA DE FRUTAS COM TANGERINA
SERVE 6 PESSOAS
TEMPO DE PREPARO: 20 MINUTOS

½ abacaxi
¼ de melancia
5 tangerinas murcote (essa variedade tem mais caldo que as outras)
20 folhas de hortelã

1. Numa tábua, descasque e corte metade do abacaxi em rodelas de 1 cm de espessura. Retire o miolo das fatias, corte em tiras, e as tiras, em cubos de 1 cm. Transfira os cubinhos para uma tigela grande.

2. Com uma faca afiada descasque a melancia e corte a polpa em fatias de 1 cm de espessura. Retire o excesso de sementes, corte em cubos. Junte à tigela com o abacaxi.

3. Descasque e separe 2 tangerinas em gomos. Corte 6 gomos na metade, no sentido do comprimento e reserve para a decoração. Corte os gomos restantes em 4 partes e junte à tigela.

4. Esprema o caldo das 3 tangerinas restantes. Regue as frutas com o suco de tangerina, junte as folhas de hortelã e misture delicadamente. Sirva em porções individuais e decore com os gomos de tangerina reservados.

TRILHA SONORA
A SALADA DE FRUTAS CHAMA UM CLÁSSICO DE ALCEU VALENÇA, QUE USOU AS CARACTERÍSTICAS DAS FRUTAS COMO METÁFORAS SENSUAIS EM "TROPICANA".

Forma no conteúdo

Para fazer da salada de frutas uma sobremesa mais elaborada, vale temperar com licor de laranja, cerca de 1 colher (chá) por porção, ou servir com 1 colherada de creme de leite fresco batido. Outra possibilidade é variar a apresentação: uma porção vai na xícara, outra num copo de caipirinha sobre um pires estampado. E dá ainda para a gente aproveitar a forma para mudar o conteúdo: no copo de caipirinha vai uma colherada de cachaça; na xícara, um pouco de chá gelado de erva-cidreira.

{ Pitada 49 }

Sorvete de chá verde

A consciência do ser humano é um troço curioso. Você sabe que está exagerando, que não precisaria comer a oitava costelinha de porco, mas vai fundo e devora a ripa, valendo-se dos poderes digestivos de um chazinho ao final da refeição — como se desse para eximir o seu sistema digestório de todo o trabalho das horas seguintes. Pois é nesse clima me-engana-que-eu-gosto que vamos preparar a sobremesa. Vamos servir um sorvete de chá verde acreditando nas propriedades digestivas e até emagrecedoras da bebida. E também vamos apresentá-lo de forma a induzir o cérebro a acreditar que ele seja integralmente caseiro — e que, por isso, é natural e faz bem. A única parte que não dá para brincar é com a qualidade do sorvete: use meio litro do melhor sorvete de creme que você puder comprar. Reserve (vou usar todos os termos culinários para dar a impressão de que estamos, de fato, cozinhando).

Numa tigela grande, coloque 5 saquinhos de chá verde e cubra com meia xícara (chá) de água fervente. Deixe em infusão até esfriar o suficiente para manusear os invólucros. Esprema bem para extrair todo o líquido e o sabor de cada um deles e descarte.

Junte a metade do sorvete ao chá preparado e, com um batedor de arame, misture bem. Junte o restante e mexa até formar uma massa homogênea. Transfira para uma fôrma pequena de bolo inglês. Cubra com filme e leve ao congelador por 2 horas, até o sorvete firmar. Leve à mesa na fôrma: mesmo que não seja caseiro, nem tão digestivo assim, fica uma belezinha. E é delicioso para finalizar uma refeição mais pesada. Ou para comer no meio da tarde do fim de semana.

{ Pitada 50 }

Gremolata

Feito de raspas de limão siciliano, salsinha e alho, todos picadinhos, este clássico tempero italiano é essencial no preparo do ossobuco. Mas ele também dá sabor instantâneo a pratos de peixe ou frango, especialmente os ensopados. Assim sequinha, como na foto, a gremolata deve ser usada na hora em que é feita. Inclua azeite na receita e ela vira uma pastinha para massas, sopas e pães.

Para as raspas de cada limão siciliano, junte 10 folhas de salsinha picada bem fininho, 1 dente de alho, também picadinho. Misture tudo, tempere com sal e está pronta. Para conservar por mais tempo, transfira para um pote, cubra com azeite e guarde na geladeira por até uma semana.

{ Pitada 51 }

Também vale misturar no arroz branco do dia a dia para dar uma ~~levantada~~ chacoalhada no sabor.

Banho de gato

Um detalhe importante: como são esponjosos, os cogumelos absorvem muita água; por isso, sempre que for usá-los frescos, em vez de lavá-los em água corrente, ou deixar de molho, limpe apenas com um pano de prato úmido.

{ Pitada 52 }

SALADA DE COGUMELO-DE-PARIS FRESCO

SERVE 4 PESSOAS
TEMPO DE PREPARO: PÁ-PUM

Quem tem mais de 30 anos, quando ouve a palavra cogumelo pode ser que pense primeiro em champignon — aquela conserva aperitivo, que era indispensável no preparo do estrogonofe ou virava molho de peixe com manteiga e alcaparra. Apesar de durar meses na despensa, o tempo dele passou. Ufa! Virou um ingrediente datado. Com o mercado repleto de opções frescas, como shimejis e shiitakes, erynguis e portobelos, que ficam incríveis assados, bem tostados, o vidrinho de conserva não faz mais sentido. Então vamos aproveitar todo o frescor do cogumelo-de-paris cru no preparo de uma das minhas saladas favoritas.

250 g de cogumelos-de-paris, frescos e firmes
2 colheres (sopa) de caldo de limão
2 talos de salsão pequenos
½ xícara (chá) de queijo parmesão ralado
3 colheres (sopa) de azeite
sal e pimenta-do-reino (moída na hora) a gosto

1. Limpe os cogumelos com um pano úmido — nada de lavar em água corrente ou deixar de molho! Em uma tábua, corte cada um em 3 fatias, no sentido do comprimento. Corte também os talos de salsão em fatias finíssimas (se preferir, passe pelo mandolim ou fatiador de legumes).

2. Numa saladeira, misture os cogumelos com o caldo do limão para temperar e evitar que eles escureçam.

3. Junte as fatias de salsão, o queijo parmesão ralado e misture novamente. Regue com o azeite e tempere com pimenta-do-reino. Misture e verifique o sabor. O queijo costuma dar conta do sal, mas, se preferir, tempere com uma pitada. Sirva imediatamente.

TRILHA SONORA
BEM ANTES DE SER PRIMEIRA-DAMA DA FRANÇA, CARLA BRUNI SE AVENTUROU NO MUNDO DA MÚSICA, COM A TRADICIONAL DELICADEZA DAS CANÇÕES FRANCESAS E A INFLUÊNCIA DO JAZZ NORTE-AMERICANO. DETALHE É QUE ELA NASCEU NA ITÁLIA, MAS ISSO JÁ É OUTRA HISTÓRIA. DO ÁLBUM DE ESTREIA DA CARLA BRUNI, "QUELQU'UN M'A DIT".

RISOTO DE DAMASCO, QUEIJO MEIA CURA E LIMÃO

SERVE 2 PESSOAS
TEMPO DE PREPARO: MENOS DE MEIA HORA

Para um especial de Dia dos Namorados, minha equipe do Panelinha e eu resolvemos elaborar receitas que formassem um casamento de sabores inusitado, como casais bacanas que se somam e, juntos, se tornam pessoas mais legais. Foram várias preparações, muitos testes de receitas, mas a combinação mais surpreendente para mim foi a do queijo meia cura com damasco — que ainda ganhou umas raspinhas de limão. Que delícia de receita para fazer a dois!

1 xícara (chá) de arroz arbóreo
3 xícaras (chá) de caldo caseiro de legumes —————— *tem receita de caldo na p. 177.*
1 colher (sopa) de azeite
1 cebola pequena picada fino
¼ de xícara (chá) de vinho branco
1 xícara (chá) de queijo meia cura em cubinhos
raspas e caldo de 1 limão
½ xícara (chá) de damasco cortado em cubinhos
sal e pimenta-do-reino moída na hora a gosto

1. Leve o caldo ao fogo médio e, quando ferver, reduza.

2. Enquanto o caldo esquenta, leve uma panela ao fogo médio, regue com o azeite e junte a cebola picada. Tempere com sal e pimenta-do-reino a gosto. Misture bem por 3 minutos, até a cebola murchar e ficar transparente.

3. Junte o arroz, tempere com mais sal e pimenta-do-reino e misture bem por 1 minuto.

4. Aumente o fogo para alto, regue com o vinho branco e mexa até evaporar.

5. Adicione uma concha do caldo de legumes e mexa bem até secar. Coloque outra concha e repita o procedimento até restar uma concha de caldo.

6. Junte a última concha de caldo, o damasco e o queijo meia cura. Misture bem sem deixar secar completamente: o risoto deve ficar úmido, com o grão cozido, mas ainda durinho no meio, al dente.

7. Adicione as raspas e o caldo do limão e misture bem. Verifique o sabor e, se precisar, tempere com sal e pimenta-do-reino a gosto. Se quiser, regue com mais um fio de azeite e sirva logo em seguida.

TRILHA SONORA
NA LINHA DESSES CASAMENTOS INUSITADOS, SEPARAMOS O DUETO DE TONY BENNETT E LADY GAGA PRA ACOMPANHAR ESSA RECEITA, O CLÁSSICO "THE LADY IS A TRAMP".

Power trio

Além de ficar incrível no risoto, esta combinação de sabores funciona nas mais variadas preparações. Coloque na salada de folhas verdes umas lascas de queijo meia cura e faça um molho misturando ao limão e azeite uma colherada de geleia de damasco. A quiche de queijo simples fica incrível preparada com meia cura, damasco e raspas de limão. Vai fazer um macarrão jogo rápido? Coloque meia cura ralado, damasco picado e não se esqueça das raspinhas de limão.

{ Pitada 53 }

Caipirinha de limão e moqueca aperitivo da p. 162. Dupla dinâmica para ~~qualquer hora~~ o fim de semana.

Caipirinha com um toque irlandês

Calma, ninguém aqui vai sugerir que você prepare uma caipirinha com uísque, feito um *irish coffee*. Ou melhor, acho que já daria para chamar de *whiskey sour*. Acontece que aprendi a pitada para deixar o limão mais suculento com uma irlandesa, autora do livro *Quando Katie cozinha*. Ela conta que, quando o limão está meio seco, o truque é levar ao micro-ondas por 30 segundos, antes de utilizá-lo nas receitas. Já o preparo da caipirinha continua o mesmo: corte as extremidades do limão e, em seguida, corte a fruta em 4 partes no sentido do comprimento; agora corte cada parte em metades e coloque esses meios gomos num copo baixo. Junte 2 colheres (chá) de açúcar e amasse com um socador. Complete com pedras de gelo, despeje uma dose generosa de cachaça e não dirija. Porque simplesmente não dá para resistir a uma delícia dessas.

{ Pitada 54 }

Só as raspas

Ainda sobre o limão, quem acompanha o Panelinha sabe que gosto de polvilhar as raspinhas nas mais variadas preparações. Músculo ensopado, frango grelhado, peixe no forno, macarrão na manteiga, risotos variados, salada de feijão-branco, todos esses pratos brilham com a adição de uma suave camada cítrica de sabor. É diferente de usar o caldo. Fica só o perfume, sem a acidez.

A minha obsessão começou quando descobri que as raspas de 2 limões transformavam uma massa básica num bolo delicioso. Acontece que a parte branca, que vem logo depois da casca, é superamarga. Por isso, um ralador Microplane, que é específico para cítricos, é um desses utensílios indispensáveis na minha cozinha. Apesar de ser importado, é fácil, fácil de achar por aqui. Ele raspa somente o verdinho da casca e não chega até a parte branca que estraga qualquer receita.

{ Pitada 55 }

Sem caroço, com tempero

Há muitos anos, li uma crônica da Nina Horta que culminava num campeonato de cuspe de caroço de azeitona a distância. Pronto, passei a gostar do belisco. Nunca mais o almoço de fim de ano da firma seria o mesmo. Se bem que algumas reuniões familiares também poderiam ficar bem mais divertidas. As azeitonas aqui, porém, surgem sem caroço. É que serão usadas em inúmeras preparações culinárias. Assim, para beliscar, porém, é necessário compensar a impossibilidade da competição. Um bom tempero resolve: alho, manjericão fresco, um pouco de azeite, sal e pimenta-do-reino moída. Elas ficam mais atrativas. Páreo duro para as amêndoas temperadas, meu belisco favorito para acompanhar um drinque ou um vinho branco antes do jantar.

{ Pitada 56 }

TRILHA SONORA
PRA COMPOR A TRILHA SONORA DA TAPENADE, UMA CANTORA ESPANHOLA DE MUITA PERSONALIDADE, ASSIM COMO AS AZEITONAS PRODUZIDAS NA ESPANHA. O NOME DELA É CONCHA BUIKA E A MÚSICA ESCOLHIDA É "NO HABRÁ NADIE EN EL MUNDO".

TAPENADE VEGETARIANA
SERVE 4 PESSOAS
TEMPO DE PREPARO: 10 MINUTOS

Nada como um drinque acompanhado de um aperitivo para inaugurar o descanso. Mas colocar a mão na massa é também uma maneira de relaxar. Vamos, então, elaborar um pouco o belisco e transformar as azeitonas em tapenade? A receita a seguir foi pensada para ser uma opção vegetariana e, por isso, só por isso, omiti a anchova. Se quiser, troque o shoyu por um ou dois filezinhos do peixe e sirva com pães ou torradas — e vinho rosé.

1 xícara (chá) de azeitonas verdes sem caroço
1 colher (sopa) de alcaparras
6 nozes
1 dente de alho
4 colheres (sopa) de azeite
1 colher (sopa) de caldo de 1 limão
1 colher (chá) de shoyu
folhas de manjericão a gosto

1. Coloque as azeitonas e as alcaparras numa peneira, lave sobre água corrente e deixe escorrer bem. (Se for usar a anchova, lave e escorra também.)

2. Numa tábua, pique fino as azeitonas, as alcaparras, as nozes e o dente de alho (e a anchova), até formar uma pasta rústica.

3. Transfira a pasta para uma tigela, junte o azeite, o suco de limão e o shoyu. Com as mãos, rasgue as folhas de manjericão, misture e sirva a seguir.

PENNETTE COM TAPENADE
SERVE 4 PESSOAS
TEMPO DE PREPARO: PÁ-PUM

Sobrou tapenade e faltou tempo? O pennette é perfeito para os dias de muita correria: por ser uma massa menor, cozinha mais rápido; já o molho nem precisa cozinhar.

3 xícaras (chá) de macarrão do tipo pennette
1 receita de tapenade vegetariana
azeite para regar
queijo parmesão ralado para polvilhar
manjericão a gosto

1. Leve ao fogo uma panela com água e sal. Quando ferver, junte o macarrão e deixe cozinhar pelo tempo indicado na embalagem. Retire, reserve 1 xícara da água do cozimento e coloque o macarrão no escorredor.
2. Enquanto o macarrão cozinha, aproveite para fazer a tapenade.
3. Na panela do cozimento, junte o macarrão com a tapenade e misture bem. Acrescente a água reservada aos poucos, mexendo bem, apenas para deixar o molho mais cremoso. Regue com um fio de azeite, salpique as folhas de manjericão, polvilhe o queijo parmesão e sirva a seguir.

TRILHA SONORA
PARA ACOMPANHAR ESSE PENNETTE, UMA MÚSICA CURTINHA,
MAS DELICIOSA: "S WONDERFUL", NA VERSÃO DE JULIE LONDON.

Veja também a receita da gremolata da p. 118. Ela é ótima pra dar um truque no macarrão na manteiga.

SALADA DE LARANJA COM AZEITONA E CEBOLA ROXA
SERVE 2 PESSOAS
TEMPO DE PREPARO: PÁ-PUM

Vamos acabar logo com aquele restinho de azeitonas que ficou na geladeira. Esta salada cheia de frescor é perfeita para acompanhar peixes e outras carnes brancas. E sabe o que mais? Ela combina muito bem com um prato de arroz com feijão — pense na feijoada e nos gomos de laranja; o princípio é o mesmo. Se preferir, em vez das ervas variadas, use só coentro. Fica incrível.

2 laranjas-peras
1 cebola roxa pequena
½ xícara (chá) de azeitonas verdes sem caroço
5 folhas de hortelã
5 folhas de salsinha
5 folhas de manjericão
3 colheres (sopa) de azeite
1 colher (sopa) de vinagre
sal e pimenta-do-reino moída na hora a gosto

1. Lave e seque bem as folhas de hortelã, salsinha e manjericão. Escorra a água da azeitona e, se quiser, passe pela água corrente numa peneira para retirar o excesso de sal.

2. Numa tábua, apoie a laranja e, com uma faca bem afiada, corte uma rodela de cada ponta (uma base e uma tampa). Em seguida, coloque a fruta em pé e corte a casca e a película branca, seguindo a curvatura da fruta.

3. Deite a fruta descascada na palma da mão. Corte um V entre as membranas (as linhas brancas), retirando os gomos.

4. Fatie fino a cebola roxa.

5. Numa tigelinha, prepare o molho, misturando bem o azeite e o vinagre com um batedor de arame ou com um garfinho. Tempere com sal e pimenta-do-reino moída na hora.

6. Num prato, arrume os gominhos de laranja e, por cima, as fatias de cebola roxa. Junte as azeitonas e regue com o molho. Salpique com as ervas e sirva em seguida.

TRILHA SONORA
O ASPECTO COLORIDO E O CLIMA MEDITERRÂNEO DESSA SALADA CHAMAM UMA MÚSICA DE UM CANTOR SURFISTA: BEN HARPER, COM "DIAMONDS ON THE INSIDE".

Ninho de macarrão

Uma apresentação diferente parece que deixa a comida ainda mais saborosa. Para massas de fio longo, experimente a técnica do garfão na concha. É igual ao garfo apoiado na colher, que usamos para enrolar o espaguete, mas em vez de talheres de mesa usamos um garfão de churrasco e uma concha de sopa. Enrole até formar um ninho e transfira com cuidado para um prato. No caso dessa receita de talharim, decore com os floretes de brócolis e finalize polvilhando com amendoim triturado.

{ Pitada 57 }

TALHARIM VERDE COM BRÓCOLIS APIMENTADO E AMENDOIM

SERVE 2 PESSOAS
TEMPO DE PREPARO: PÁ-PUM

Quem diria que brócolis, pimenta calabresa e amendoim formariam uma combinação de sabores tão incrível? Esta massa deliciosamente inusitada transforma ingredientes do dia a dia em prato especial.

160 g de talharim verde (ou outra massa que preferir)
½ xícara (chá) de amendoim sem pele torrado
1 maço de brócolis ninja pequeno
4 colheres (sopa) de azeite
½ colher (chá) de pimenta calabresa
2 dentes de alho picado grosso
sal a gosto

1. Preaqueça o forno a 180 ºC (temperatura média).

2. Corte o brócolis em floretes pequenos. Lave em água corrente e deixe de molho numa tigela com 1,5 litro de água, 1 colher (chá) de sal e outra de vinagre por 10 minutos. Além de higienizar, essa solução mantém a cor e realça o sabor do brócolis.

3. Leve ao fogo alto uma panela média com água salgada como se fosse do mar.

4. Escorra o brócolis e transfira os floretes para uma assadeira antiaderente grande. Regue com 2 colheres (sopa) de azeite, tempere com sal e a pimenta calabresa, junte o alho picado e misture bem. Arrume os floretes, deixando que haja espaço entre eles (esse é o segredo para que os legumes fiquem crocantes). Leve para assar por 20 minutos.

5. Num pilão, bata o amendoim até virar uma farofa grossa. Reserve.

6. Quando a água ferver, com bolhas grandes, coloque o macarrão para cozinhar pelo tempo indicado na embalagem.

7. Escorra a água e volte o macarrão à panela. Retire o brócolis do forno, transfira para a panela e regue com o restante do azeite. Misture delicadamente. Polvilhe o amendoim na hora de servir.

TRILHA SONORA
ESSA MASSA CHEIA DE DIFERENTES INFLUÊNCIAS TEM TUDO A VER COM UM SOM QUE TRAZ A CARA E O BALANÇO TÍPICO DAS MISTURAS DE UMA CIDADE GRANDE COMO NOVA YORK: "THE CREATOR HAS A MASTERPLAN", COM BROOKLYN FUNK ESSENTIALS.

SEI LÁ, UMA COISA UTÓPICA

A imagem de uma torta rústica faz brotar na minha cabeça aquela cena do almoço de fim de semana servido no jardim de casa... Opa! Mas que jardim é esse? Eu moro, nasci e cresci em apartamento. Meu marido idem. A maioria dos nossos amigos e parentes também. Bom, é uma coisa utópica, não precisa ser literal. Esse almoço ao fresco pode se concretizar de formas diferentes, dependendo do pique de cada um. Pense naquela área do prédio que ninguém se lembra de usar... Até isso parece distante da sua realidade? (Confesso que da minha também. Preguiça total.) Então vamos trazer para dentro de casa um pouco desse clima meio campestre, meio fantasioso.

A mesa ganha buquezinhos de flores — que podem ser bem singelos; uns copinhos de vodca arranjados com ervas frescas também funcionam. Vinho branco bem gelado, saladas verdejantes, talvez uma tábua de queijos frescos. O cenário está quase completo. Surge da cozinha a tal torta rústica de legumes, em temperatura ambiente (ah, sim, comida pelando fica para outra hora). Quem vem? Pode ser só a família, ou aqueles dois ou três amigos inseparáveis, que também estão acostumados a viver em prédios e vão saber apreciar a sua tentativa de disfarçar que lá fora o mundo se diverte andando de bicicleta, enquanto você prefere ficar de olho no fogão.

A torta pode ser feita em etapas. Pode, não: deve! Dá para fazer a massa na quinta, assar os legumes na sexta e, no sábado, a torta vai para o forno, praticamente sozinha. Sirva no próprio dia ou deixe para o domingo. Viu como fica moleza? Assim até dá tempo de dar uma voltinha no parque antes do almoço.

TORTA RÚSTICA RATATOUILLE

SERVE 6 PESSOAS
TEMPO DE PREPARO: 25 MINUTOS + 30 MINUTOS PARA ASSAR OS LEGUMES
+ 1 HORA PARA A MASSA DESCANSAR + 45 MINUTOS PARA ASSAR A TORTA,
E VOCÊ NÃO VAI SE ARREPENDER…

Faça a massa e asse os legumes no dia anterior. Monte a torta e leve ao forno antes de servir.

PARA A MASSA

100 g de manteiga gelada
1 ¼ de xícara (chá) de farinha de trigo
1 ovo
1 colher (chá) de sal

1. Corte a manteiga em cubos e passe para uma tigela grande. Junte a farinha peneirada e, com a ponta dos dedos, misture até formar uma farofa, sem dissolver completamente a manteiga.

2. Junte o ovo e o sal e trabalhe a massa apenas até formar uma bolota. Envolva com filme e leve à geladeira por no mínimo 1 hora. Atenção: se preferir, faça a massa no dia anterior ao que vai servir a torta.

PARA O RECHEIO

1 berinjela pequena
1 abobrinha média
¾ de xícara (chá) de tomate-cereja ou sweet grape
1 talo de alho-poró sem as folhas verdes
1 pimentão amarelo
1 cebola média
4 dentes de alho
1 colher (chá) de sal
sal e pimenta-do-reino moída na hora a gosto
8 colheres (sopa) de azeite

a receita continua…

1. Preaqueça o forno a 220 °C (temperatura alta).

2. Numa tábua, corte a berinjela em rodelas de cerca de 1 cm e descarte as pontas. Se a berinjela for grande, corte as fatias em meias-luas. Transfira para uma tigela, cubra com água e misture 1 colher (chá) de sal. Reserve.

3. Prepare os outros legumes: fatie as abobrinhas em rodelas de 1 cm e descarte as pontas; corte os tomatinhos ao meio; fatie fino o alho-poró; corte o pimentão ao meio, descarte as sementes e corte as metades em quadrados; descasque a cebola e corte em quartos; descasque os dentes de alho.

4. Retire a berinjela da água e disponha numa assadeira retangular grande. Regue com 3 colheres (sopa) de azeite e leve ao forno preaquecido por 15 minutos.

5. Retire a assadeira do forno e junte os outros legumes. Tempere com sal e pimenta-do-reino, regue com o azeite restante e misture delicadamente. Volte a assadeira ao forno por 30 minutos. Retire a assadeira e baixe a temperatura do forno para 180 °C (temperatura média).

PARA A MONTAGEM

2 ramos de tomilho fresco
2 ramos de alecrim fresco
1 gema para pincelar

1. Cerca de 15 minutos antes do término do tempo para pré-assar os legumes, retire a massa da geladeira. Se você está fazendo a torta em etapas, cada passo num dia, preaqueça o forno a 180 °C (temperatura média).

2. Numa bancada, polvilhe um pouco de farinha e, com um rolo de macarrão, abra a massa num formato arredondado até ficar com cerca de 0,5 cm de espessura.

3. Transfira a massa para uma fôrma redonda de fundo removível de cerca de 24 cm de diâmetro, deixando as bordas para fora.

4. Retire a assadeira do forno e transfira os legumes para uma tigela grande. Debulhe os ramos de tomilho e alecrim e misture delicadamente.

5. Passe os legumes para a fôrma com a massa. Dobre as bordas sobre os legumes.

6. Numa tigelinha, misture a gema com 1 colher (chá) de água. Pincele a massa e leve a torta ao forno por 45 minutos ou até dourar. Sirva quente ou em temperatura ambiente.

TRILHA SONORA
TEM UMA MÚSICA DO WILSON SIMONINHA QUE COMEÇA COM O VERSO "NA MINHA LAJE TENHO UM JARDIM...".
É MAIS OU MENOS O CLIMA DESSA TORTA RÚSTICA, NÉ?

Sobremesa ideal para o cordeiro, a picanha da p. 196.

ARROZ-DOCE PERFUMADO COM CARDAMOMO

SERVE 4 PESSOAS
TEMPO DE PREPARO: 40 MINUTOS + 2 HORAS NA GELADEIRA, SE QUISER SERVIR GELADO

Um detalhe: se estiver friozinho, experimente servir a sobremesa quente. Fica divina, mas não rola em dia de verão. Se tiver um punhadinho de pistache em casa, pique e polvilhe sobre o arroz pronto. Não gosta de leite condensado? Troque por açúcar.

1 xícara (chá) de arroz (do tipo agulhinha)
½ lata de leite condensado
1 pitada de sal
2 xícaras (chá) de leite
2 xícaras (chá) de água
casca de 1 laranja
1 canela em rama
2 cravos-da-índia
canela em pó a gosto
5 bagas de cardamomo bem verdes (coloque mais se estiverem envelhecendo e perdendo a cor)

1. Lave o arroz e deixe escorrer numa peneira ou escorredor. Num pilão, soque levemente as bagas de cardamomo.

2. Numa panela, junte o leite, a água, o arroz, o sal, a casca de laranja, a canela, o cravo e as bagas de cardamomo. Leve ao fogo alto, mexendo sempre. Quando começar a ferver, baixe o fogo para médio e deixe cozinhar por 20 minutos, mexendo de vez em quando.

3. Acrescente o leite condensado e deixe cozinhar por mais 5 minutos, mexendo sempre. Desligue o fogo. Se quiser servir frio, espere amornar e leve à geladeira antes de servir. Se quiser servir quente, deixe cozinhar mais 5 minutos e sirva a seguir. Ou aqueça na hora de servir.

TRILHA SONORA
SABER MISTURAR ESPECIARIAS ORIGINÁRIAS DA ÍNDIA COM OS PRATOS DO OCIDENTE É UM MISTÉRIO QUE PROPORCIONA SABORES INCRÍVEIS. NA MÚSICA QUE ACOMPANHA ESSA RECEITA, A TALENTOSA NORAH JONES CANTA ACOMPANHADA POR SUA IRMÃ, ANOUSHKA SHANKAR. ASSIM COMO O PAI DELAS, RAVI SHANKAR, ANOUSHKA TOCA CÍTARA. O NOME DA MÚSICA É "THE SUN WON'T SET".

Chá de hortelã fresca

Se no Marrocos o chá é um ritual de boas-vindas, por aqui, ele finaliza as refeições. De uma forma ou de outra, o preparo começa com um chá verde, que pode ser de saquinho, só que bem adoçado. É nele que é feita a infusão de folhas de hortelã — e não em água quente. Já experimentou?

{ Pitada 58 }

PERCEBEU SE A COZINHA FICOU MAIS VERDE?

As boas-vindas marroquinas são sempre regadas a chá de hortelã. Não importa o calorão desértico, a bebida é servida pelando. Mas refresca. É aquela coisa da teoria do choque térmico: na Escandinávia come-se peixe frio, na Bahia, moqueca borbulhando de quente — assim, o corpo não sofre com a diferença de temperatura entre o ambiente e o alimento. Já um pouco de choque cultural sempre faz bem para a alma do ser humano. Sair das nossas próprias bolhas, enxergar outras paisagens e, principalmente, outras pessoas, tudo vale para repensar os próprios costumes. Não é simples, porém. Tem gente que cresce sem se dar conta de que os pais não são apenas uma extensão da própria existência — e é difícil mesmo abrir mão da segurança de um colo de mãe. Mas acho essa elaboração necessária para que a gente vire gente. Eu não sei como é que se ensina isso aos filhos, mas penso que começa dentro de casa, com um exercício de respeito ao outro. Aos irmãos, às pessoas que trabalham conosco, aos vizinhos — bater bola de basquete às seis e meia da manhã não pode — e aos pais. Coisas simples, cotidianas. Bom, o negócio é ir observando.

Por outro lado, são os meus filhos que me ensinam o respeito ao meio ambiente. Não cresci pensando que tinha que desligar a torneira enquanto escovo os dentes, nem sabia o que era reciclagem de lixo e, fora ouvir uma vez ou outra meus pais perguntando se eu era sócia da Light, a economia de recursos naturais nunca passou pela minha cabeça — a não ser nesses termos de economia doméstica. As crianças, porém, têm isso internalizado, já são valores adquiridos.

A cozinha é um lugar tão complexo que tem espaço para tudo isso. Dá para refletir sobre costumes — e não apenas os hábitos alimentares —, para expandir os horizontes, exercitar a convivência, mostrar aos pequenos que as coisas não acontecem num passe de mágica. E ainda deixa a vida mais saudável e saborosa. Quem cozinha mais tem mais chances de fazer melhores escolhas alimentares.

Neste capítulo em tons de verde, não por acaso, vimos que cozinhar porções mais exatas evita o desperdício e ajuda a deixar a alimentação na medida. Foram muitas receitas pensadas para duas pessoas. Teve orecchiette com ervilha fresca e bacon, risoto de damasco com queijo meia cura e raspas de limão, só para citar duas.

Também não por acaso escolhi mostrar muitas receitas com os mesmos alimentos. Assim, aquele vidro de azeitonas não faz aniversário na geladeira. Do aperitivo comum elas viraram tapenade, que virou molho de macarrão, tudo para não sobrar nada. E ainda teve salada de laranja com azeitonas (pensada para duas pessoas). Com um pacote de ervilhas no congelador você viu que dá para fazer uma porção de preparações, desde a sopa fria com hortelã, passando por acompanhamentos ágeis (basta refogar a ervilha no bacon), até o risoto de ervilhas na pressão, que se mostrou uma técnica para fazer risotos em cinco minutos. A cozinha prática pode ser verde!

Usar os alimentos de forma integral é outro macete. Transformamos o limão em caipirinha, mas também em várias outras receitas, da gremolata a um power trio, que mistura damasco com queijo meia cura mais raspinhas de limão para dar sabor às mais variadas preparações, da salada à quiche. Não desperdiçamos nada.

Esse capítulo dedicado a questões mais verdes não poderia ser chato. Por isso, não faltaram receitas para celebrar, como o bacalhau à lagareiro — e alguns drinques também, como o perfumadíssimo mojito do Antonio Farinaci, meu amigo que é uma festa. Vamos então tomar um chazinho inspirado nos ares marroquinos e nos preparar para o calor que vai invadir as próximas páginas. Tudo vai ficar ensolarado. Logo mais entramos no capítulo amarelo, cheio de brilho, com muito dourado.

UMA COZINHA ENSOLARADA

Na minha infância, a mesa era um lugar de prazer, de convivência e de disciplina também. Muita disciplina. Na adolescência, ai de quem se atrasasse para o jantar, que às oito em ponto estava servido. A comida em casa era boa, sempre feita na hora, com três etapas: entrada, prato principal e sobremesa. Mesmo assim, minha mãe nunca deu muita bola para cozinha — deixava o preparo das refeições nas mãos da cozinheira. Domingo, porém, era diferente, um dia de glória para mim e para os meus irmãos. Era quando a minha mãe entrava na cozinha para preparar o café da manhã. Nós três ficávamos vidrados numa espécie de balé, entre passar o café, ferver o leite (sem derramar!), esquentar o pão, tirar da geladeira queijos, manteiga e geleias. E o janelão, que ia de ponta a ponta da bancada, deixava o momento ainda mais mágico: a cozinha era face norte, e o sol da manhã criava uma contraluz esplendorosa para os passos da minha mãe. Tudo na mesa, mas o café ainda não estava completo. Domingo era dia da mítica gemada, batida na batedeira. Gemas e açúcar se transformavam num lindo creme, quase branco de tão pálido, firme, ideal para comer às colheradas. Minha mãe parecia sair da luz de trás da bancada com aquela tigela nas mãos. Tantos anos depois, a gemada continua sendo um símbolo de afetividade para nós. É a confirmação do poder do ato de cozinhar. Nas próximas páginas, vamos deixar o sol entrar pela janela e transformar a cozinha num lugar iluminado. Neste capítulo amarelo e dourado, vamos alimentar as relações e fazer o cotidiano brilhar com receitas simples e saborosas. Entra em cena uma cozinha afetiva, para ser celebrada com a família — e, claro, com os amigos queridos.

CARNE DE PANELA COM MOLHO RÚSTICO
SERVE 6 PESSOAS
TEMPO DE PREPARO: 20 MINUTOS + 50 MINUTOS PARA COZINHAR + 12 HORAS PARA MARINAR

Carne de panela é imbatível: fácil, acessível, mas não por isso menos festiva — que delícia aqueles sanduichinhos de carne desfiada, com molho escorrendo de um minipão francês. E, no dia a dia, ela ainda vira salada e pode ser servida quente ou fria. Brilhante!

PARA A MARINADA

1 kg de coxão duro
6 dentes de alho descascados
1 ramo de alecrim
7 ramos de tomilho
5 ramos de orégano fresco
½ xícara (chá) de vinho tinto seco
sal e pimenta-do-reino a gosto

1. No dia anterior, prepare a marinada: num pilão ou no processador de alimentos, triture o alho, as ervas frescas, o sal e a pimenta-do-reino. Junte com o vinho e misture bem.

2. Num recipiente, coloque a carne e faça furos profundos com um garfão de churrasco para que os temperos penetrem bem, e, então, esfregue toda a marinada. Cubra com papel-alumínio e leve à geladeira por no mínimo 12 horas.

PARA O MOLHO

1 cebola
1 cenoura
1 talo de salsão sem as folhas
1 pimentão vermelho
1 talo de alho-poró (sem as folhas)
4 tomates maduros
1 lata de tomate pelado italiano (400 g)
⅓ de xícara (chá) de azeite
3 xícaras (chá) de água
sal e pimenta-do-reino moída na hora a gosto

a receita continua...

153

1. Tire a carne da geladeira para quebrar o gelo. Enquanto isso, faça o pré-preparo dos legumes: lave e seque todos.
   Cebola: descasque e rale na parte grossa do ralador.
   Cenoura: corte em rodelas.
   Salsão: corte em fatias finas.
   Pimentão: corte uma tampa e descarte; corte em metades e descarte as sementes e a película branca; corte as metades em cubinhos.
   Alho-poró: fatie a parte branca, formando rodelas, descarte as folhas.
   Tomates: corte ao meio, rale a polpa na parte grossa do ralador e descarte a casca. Tomate em lata: pique fino e reserve o líquido.

2. Leve uma panela de pressão ao fogo médio e regue com o azeite. Quando começar a soltar fumaça, coloque a peça de carne para dourar de todos os lados. Atenção: coloque a carne e só vire de lado quando ela desgrudar do fundo da panela. Não force. Com um pegador, vire de lado e deixe dourar até que solte da panela novamente. Repita de todos os lados, até que a carne esteja toda dourada. Transfira para um prato e cubra com papel-alumínio. Reserve a marinada.

3. Leve uma chaleira com 1 litro de água ao fogo alto. Quando ferver, desligue. Sem lavar a panela de pressão, junte a cebola ralada e mexa bem por 3 minutos, até dourar. Acrescente o salsão e a cenoura e refogue por mais 3 minutos. Coloque o alho-poró e o pimentão e refogue por cerca de 5 minutos, até murchar. Por último, junte o tomate ralado, o tomate picado e misture bem.

4. Adicione ao refogado a água aquecida (não precisa estar fervendo) e a marinada reservada.

5. Volte a carne à panela, tampe e, quando pegar pressão e começar a apitar, deixe cozinhar por 45 minutos, caso queira fatiar a carne; para desfiar, deixe no total 1 hora.

6. Desligue o fogo e espere a pressão sair completamente. Abra a panela e retire a carne. Fatie bem fininho e sirva com o molho rústico de tomate, que está prontinho na panela! É só misturar bem e dar uma pressionada contra a parede da panela para quebrar as rodelas de cenoura.

TRILHA SONORA
QUANDO ESSA CARNE VIRA RECHEIO DE UM SANDUÍCHE, MERECE UM SOM DESCONTRAÍDO, QUE AGRADA ADULTOS E CRIANÇAS, COMO A VERSÃO DE ZECA PAGODINHO PARA "O PATO", UM CLÁSSICO DE TOQUINHO E VINICIUS.

Uma festa de sanduíche

Este não é o minissanduíche das festas infantis. Ele ganha uma boa camada de mostarda de Dijon e pepino em conserva fatiado bem fininho. Outra diferença é a escolha do pão. Ele tem que ser bem gostoso, crocante por fora, macio por dentro, como a ciabatta da foto. Com a carne e o molho prontos, porém, este sanduíche não tem muito segredo, é bico de fazer. Desfie bem a carne e misture com umas colheradas do molho antes de rechear o pão, já coberto de mostarda. Está pronto: uma festa para o paladar!

{ Pitada 59 }

Salada quase mexicana

Quantas fatias de carne sobraram? Duas, três? Ótimo, o suficiente para preparar esta salada, uma versão com aromas mexicanos da nossa carne louca paulistana — aquela salada de carne fatiada fininho servida fria com bastante vinagre e cebola em fatias. Além da carne, você vai precisar de:

milho em conserva

cebola roxa

tomate

salsinha

limão

óleo vegetal

sal

cominho

Você também pode incluir: pimenta-malagueta fatiada fininho, pimentão em cubinhos, alho amassado — misture no molho que fica uma delícia.

Quanto de cada ingrediente? Depende da quantidade de carne. Mas depois de tantas receitas passo a passo, está na hora de soltar a franga! O importante é manter a proporção de 3 para 1 do molho. Explico: para cada colher (sopa) de caldo de limão junte 3 de óleo. Por que óleo e não azeite? Pelo sabor: o azeite é muito marcante para esta preparação. Junte, então, uma pitada generosa de cominho e outra de sal, e bata bem com um garfo numa tigela, antes de regar a salada com esse molho.

Mãos à massa: desfie a carne e junte um pouco de milho em conserva, escorrido, claro. Corte a cebola roxa na metade e fatie fino uma delas (a outra pode guardar). Escolha um tomate maduro bem bonito e corte em cubinhos. Por último, pique grosseiramente um punhado de salsinha. Melhor ainda se for coentro. Ou as duas ervas frescas. Misture tudo e sirva feliz.

{ Pitada 60 }

Até para cortar tomate em cubinhos tem ~~truque~~ técnica. Veja na p. 237.

Já experimentou passar o café com cardamomo? E combinar chocolate com essa especiaria? Dá uma olhada nas pp. 51 e 53.

MUSSE DE MARACUJÁ COM CARDAMOMO
SERVE 6 PESSOAS
TEMPO DE PREPARO: 15 MINUTOS + 4 HORAS NA GELADEIRA

A mais trivial das sobremesas vai ganhar uma explosão de sabores com a simples adição das sementes de cardamomo. E, claro, vamos usar a fruta, em vez de suco de maracujá industrializado.

1 lata de leite condensado (395 g)
2 caixinhas de creme de leite (400 g)
5 maracujás azedos
8 bagas de cardamomo

1. Abra as bagas de cardamomo, tire as sementes e soque no pilão até virar um pó.
2. Corte 4 maracujás ao meio e, com uma colher, raspe a polpa para o copo do liquidificador. Tampe e pulse algumas vezes, apenas para soltar a polpa da semente, sem bater muito. Passe pela peneira.
3. Lave e seque o copo do liquidificador. Junte o leite condensado, o creme de leite, a polpa coada e o cardamomo. Bata todos os ingredientes, por cerca de 8 minutos, até virar um creme bem liso e perfumado.
4. Transfira para um refratário bonito e leve à geladeira por 4 horas, até firmar. Espalhe a polpa de um maracujá antes de servir.

TRILHA SONORA
COMO TRILHA SONORA DA MUSSE DE MARACUJÁ REPAGINADA, UM SOM BEM TRADICIONAL COM UMA PITADA DIFERENTE: "CAN'T BUY ME LOVE", DOS BEATLES, MAS COM A EXPLOSÃO DE RITMOS DA VERSÃO JAZZÍSTICA DE JOHN PIZZARELLI.

Musse de batida

Quer transformar a musse numa sobremesa turbinada? Quem gosta de batidinha de maracujá vai adorar incluir na preparação uma dose de cachaça. Ou aproveite os mesmos ingredientes para preparar uma batida com cardamomo! No liquidificador bata a polpa de 4 maracujás com ½ xícara (chá) de cada ingrediente: cachaça, leite condensado e gelo.

{ Pitada 61 }

LEITE DE COCO DE VERDADE

RENDE 250 ML
TEMPO DE PREPARO: PÁ-PUM

São poucas as receitas deste livro que levam leite de coco. Espero que, na sua vida, sejam muitas. Não deixe de experimentar a versão caseira, no lugar do vidrinho — o preparo é muito simples. Compre na feira o coco já ralado, em saquinho.

2 xícaras (chá) de coco ralado fresco
1 xícara (chá) de água filtrada

1. No liquidificador, bata os ingredientes por 4 minutos, na potência máxima. No meio do tempo, pare de bater e dê aquela misturada com a colher.
2. Abra um pano de prato limpo sobre uma tigela grande, afunde um pouco e despeje o coco batido. Feche o pano, juntando as quatro pontas, vá torcendo, até formar uma trouxinha. Esprema bem, mas bem mesmo. Torça o pano com vontade! Está pronto o leite de coco grosso, como é chamado na Bahia.

TRILHA SONORA
O LEITE DE COCO É FUNDAMENTAL NA CULINÁRIA BAIANA, MAS TAMBÉM É USADO EM MINAS GERAIS. POR ISSO, A MÚSICA QUE SERVE DE TRILHA SONORA É UM CLÁSSICO DE ARY BARROSO, "NO TABULEIRO DA BAIANA", CANTADO PELO MINEIRO JOÃO BOSCO E PELA BAIANA DANIELA MERCURY, NA GRAVAÇÃO DO SONGBOOK DO AUTOR.

Como abrir o coco seco

Digamos que você, como eu, tenha tomado gosto pelo leite de coco feito em casa e quer fazer o serviço completo, em vez de levar da feira o saquinho com o fruto já ralado. Então, com um coco seco não mão, comece retirando a água: um dos três furos (todo coco tem) é macio o suficiente para furar com um saca-rolhas. Mas somente um, então vá testando. Despeje a água num copo.

No forno preaquecido a 200 °C (temperatura média-alta), coloque o coco direto na grade por 15 minutos (o ideal é usar o forno quando estiver fazendo outra preparação). Vire o coco com um pegador e deixe lá por mais 10 minutos. De repente, a mágica acontece: ele racha. Tire do forno e, ainda morno, retire a casca. Eu uso uma chave de fenda para ajudar, mas juro que é fácil.

Com um descascador de legumes, limpe a pele marrom, e o coco está pronto para usar. Corte em pedaços e transforme em lanchinho da tarde. Rale e use em doces e para fazer o leite fresco. Com o próprio descascador, faça fitas de coco. Elas são lindas e enfeitam pratos doces e salgados. Conserve na geladeira.

{ Pitada 62 }

Mude o sentido

Olha que jeito simpático de começar o almoço do fim de semana. A moqueca vira aperitivo, servida em porções pequeninas. O prato de ágata, originalmente prato de bolo, vira bandeja para tigelinhas coloridas, uma diferente da outra. E ainda tem os porta-copos de crochê, feitos à mão pela minha amiga Amanda Maia. A receita a seguir, como aperitivo, serve umas 10 pessoas. Se quiser transformar em entrada, coloque por baixo da moqueca uma colherada de arroz branco.

{ Pitada 63 }

MOQUECA DE CAMARÃO COM FAROFINHA DE DENDÊ
SERVE 4 PESSOAS
TEMPO DE PREPARO: 25 MINUTOS + 25 MINUTOS DE COZIMENTO

Diz Dadá, a famosa cozinheira baiana, que foi ela quem me ensinou a cozinhar. E eu não nego, não! Fiquei, mesmo, meses de butuca na cozinha dela. Mas a inspiração para essa moqueca de camarão veio de Paloma Jorge Amado. Desde que nos conhecemos, nunca mais tive coragem de usar um vidro de leite de coco na cozinha. O caseiro faz o prato brilhar, mesmo longe do sol da Bahia.

PARA A MOQUECA

1 kg de camarão grande limpo, já sem casca
3 cebolas
3 dentes de alho
3 tomates
1 pimentão verde
½ xícara (chá) de folhas de coentro (meça pressionando na xícara)
4 pimentas-de-cheiro
caldo de 3 limões
2 colheres (chá) de sal
½ xícara (chá) de azeite de oliva
⅓ de xícara (chá) de azeite de dendê
¾ de xícara (chá) de leite de coco

a receita continua...

1. Descasque as cebolas e os dentes de alho. Corte uma cebola em rodelas e reserve. Pique bem fininho as outras cebolas e os dentes de alho. Transfira os ingredientes picadinhos para a panela onde a moqueca será preparada, de preferência uma panela de barro.

2. Lave e seque os tomates, o pimentão e as folhas de coentro.

3. Corte o topo do pimentão e descarte as sementes. Corte 4 fatias finas e reserve. O restante, corte em metades. Corte cada metades em tiras finas e as tiras, em cubinhos. Junte os cubinhos à panela.

4. Corte 1 tomate em fatias. Os outros, corte ao meio e retire as sementes (com o dedão é o jeito mais eficaz). Pique fino as metades de tomates e misture na panela.

5. Pique fino as folhas de coentro e misture com o tomate e a cebola picados.

6. Numa peneira de inox ou num escorredor de macarrão, coloque o camarão já limpo e passe pela água corrente fria. Junte à panela com os temperos e regue com o caldo dos limões.

7. Regue o camarão com o azeite de oliva, o azeite de dendê, as pimentas-de-cheiro inteiras e tempere com sal. Misture delicadamente. Cubra os camarões intercalando com as fatias de tomate e cebola. Leve ao fogo baixo.

8. Assim que começar a ferver, tampe a panela e conte 15 minutos. Enquanto isso, prepare a farofinha de dendê.

9. Por último, despeje o leite de coco e deixe cozinhar por mais 5 minutos antes de servir.

PARA A FAROFINHA DE DENDÊ

2 xícaras (chá) de farinha de mandioca
1 cebola
½ xícara (chá) de azeite de dendê
1 colher (chá) de sal

1. Numa tábua, pique fino a cebola e reserve.

2. Leve ao fogo médio uma frigideira grande com o azeite de dendê. Quando aquecer, junte a cebola e refogue até murchar. Acrescente a farinha e tempere com sal. Mexa sempre, até tostar a farinha, cerca de 10 minutos. Sirva em seguida.

TRILHA SONORA
SE A INSPIRAÇÃO PARA A RECEITA VEIO DE PALOMA JORGE AMADO, A MÚSICA TEM A LETRA ASSINADA PELO PAI DELA, EM PARCERIA COM DORI CAYMMI. "ALEGRE MENINA" TAMBÉM FOI TEMA DA NOVELA *GABRIELA*, UMA DAS MAIORES OBRAS DO ESCRITOR BAIANO. ESCUTE A VERSÃO NA VOZ DOCE E SUAVE DE MART'NÁLIA.

Camarão limpinho

Se você prefere comprar o camarão inteiro e aproveitar a cauda e a cabeça para fazer um caldo, maravilha! Tem o meu apoio e até a minha admiração. Mas a tripinha, aquele traço escuro que se vê ao longo do corpo do camarão, precisa ser removida com capricho. A melhor técnica, para preservar a carne, é essa do passo a passo fotográfico. Basta inserir um palito (próximo à parte da cauda), passando a ponta por baixo do cordão: vá enrolando o palito para puxar toda a tripa. Se ela quebrar, fure mais adiante e comece de novo. Mas costuma sair de uma vez só. Outro ponto: durante todo esse processo da limpeza, mantenha os camarões numa tigela com gelo para que eles permaneçam fresquinhos.

{ Pitada 64 }

Aqui no livro tem moqueca e tem também aquele camarão grelhadinho de praia, servido com uma maionese facílima de fazer. Pitada do Alexandre Herchcovitch. Tá na p. 280.

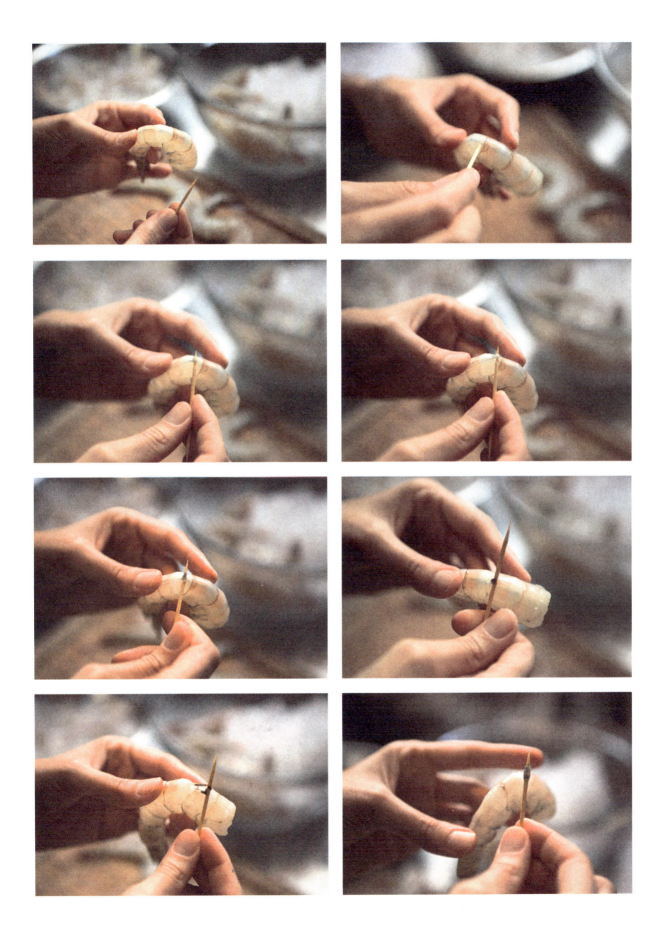

Pimenta no olho do outro é refresco!

MOLHO DE PIMENTA EM CONSERVA
RENDE UM POTE DE 200 ML
TEMPO DE PREPARO: 15 MINUTOS + 1 MÊS DESCANSANDO

Ele pode ser à base de óleo ou de cachaça. Com azeite, fica mais intenso. Já a segunda opção faz do molho um perfume para o prato. Experimente os dois!

1 pimenta dedo-de-moça vermelha
1 pimenta dedo-de-moça verde
1 pimenta cambuci
1 pimenta-de-cheiro
1 ramo de alecrim
1 dente de alho
caldo de ¼ de limão
½ colher (sopa) de sal
¾ de xícara (chá) de óleo ou de cachaça

1. Lave e seque muito bem as pimentas, o alecrim, o alho e o limão. Descasque o dente de alho.
2. Num vidro de conserva esterilizado coloque todos os ingredientes e cubra com o óleo ou com a cachaça. Caso não cubra todos os ingredientes, coloque um pouco mais do líquido que estiver usando. Feche bem e deixe tomando gosto por no mínimo um mês. De vez em quando, chacoalhe para misturar todos os sabores.

TRILHA SONORA
A NOSSA PIMENTA PERSONALIZADA PEDE UMA CANÇÃO DA APIMENTADA BANDA CALIFORNIANA RED HOT CHILI PEPPERS. AUMENTE O VOLUME PARA "THE ZEPHYR SONG", UMA DAS MÚSICAS MAIS GOSTOSAS QUE O GRUPO JÁ FEZ.

Um ótimo mimo para levar quando a gente vai jantar na casa de amigos. Faça vários potes, mas só comece a presentear quando estiver no ponto, no mínimo um mês depois.

Porta-temperos

Prato de bolo com pé é o máximo, mas acaba ocupando um espaço danado no armário. Como no blog Pitadas a gente adora pensar em novas utilidades aos objetos, descobrimos que, além de enfeitar a bancada, o modelo com pedestal faz as vezes de organizador. Potinhos de tempero, azeite, pimenteiro, tudo que você usa no dia a dia fica mais à vista — o que facilita bastante na hora de cozinhar. E, por ser suspenso, ainda ocupa o espaço de maneira inteligente.

{ Pitada 65 }

Aferventados

Seja para fazer conservas, geleias, molho de pimenta ou azeite aromatizado, é sempre bom dar aquela esterilizada nos vidros. A chance de o alimento mofar diminui muito. E o método é simples: basta ferver numa panela cheia de água por 20 minutos. Nos 5 minutos finais, coloque também a tampa. Retire com uma pinça e deixe escorrendo sobre um pano de prato limpo, até secar.

Eles também são ótimos para guardar especiarias. Canela em pó, mostarda em grãos, vai tudo para esses vidrinhos. E, para não ter confusão — será que é pimenta síria ou pimenta-da-jamaica? —, escrevo com caneta permanente o nome e a data em que comprei. As especiarias também ficam velhas.

{ Pitada 66 }

AZEITE AROMATIZADO COM ALHO E ALECRIM
RENDE UM VIDRO DE 250 ML
TEMPO DE PREPARO: 15 MINUTOS

1 xícara (chá) de azeite
2 dentes grandes de alho
3 ramos de alecrim

1. Escolha uma garrafa ou pote de vidro onde o azeite será colocado. Lave e seque bem os ramos de alecrim. Descasque os dentes de alho e coloque no vidro. Junte também os ramos de alecrim.

2. Numa panela, coloque o azeite e leve ao fogo médio, apenas para aquecer, sem deixar ferver.

3. Desligue o fogo e transfira o azeite para o vidro com os dentes de alho e o alecrim. Quando esfriar, tampe. O ideal é deixar tomando gosto por pelo menos uma semana antes de usar.

TRILHA SONORA
NA MÚSICA TAMBÉM É ASSIM: ALGO QUE JÁ É BOM E FUNCIONA BEM SEMPRE PODE GANHAR UM TOQUE A MAIS. A COLETÂNEA *WE ALL LOVE ELLA*, EM HOMENAGEM À DIVA ELLA FITZGERALD, TROUXE UMA FAIXA BÔNUS COM A PRÓPRIA ELLA CANTANDO COM STEVIE WONDER A MÚSICA "YOU ARE THE SUNSHINE OF MY LIFE", UMA COMBINAÇÃO INCRÍVEL.

ABACAXI GRELHADO COM LICOR DE LARANJA
SERVE 6 PESSOAS
TEMPO DE PREPARO: 30 MINUTOS

O abacaxi com raspas de limão ganha produção de festa nesta receita, que lembra um flambado, mas sem o excesso das chamas. Só o que pega fogo é o sabor da sobremesa. Outro ponto alto é o contraste do quente com o frio, ótimo para deixar preparações básicas mais interessantes.

6 fatias de abacaxi de cerca de 2 cm cada
3 colheres (sopa) de licor de laranja
açúcar para polvilhar
3 colheres (sopa) de manteiga
raspas de limão a gosto
folhas de hortelã a gosto

1. Descasque o abacaxi e corte 6 rodelas de cerca de 2 cm de espessura. Transfira para uma travessa e regue com o licor. Deixe macerando por 5 minutos.

2. Lave e seque as folhas de hortelã e reserve.

3. Leve uma frigideira antiaderente grande ao fogo médio. Polvilhe 2 fatias de abacaxi com um pouco de açúcar de cada lado. Coloque 1 colher (sopa) de manteiga na frigideira e, quando derreter, doure as fatias por 4 minutos de cada lado. Não precisa mexer. (Se a frigideira for bem grande, dá para dourar 3 fatias por vez.) Transfira para um prato e repita o procedimento com as outras fatias.

4. Na mesma frigideira, regue o licor que ficou na travessa e junte mais ½ xícara (chá) de água. Deixe ferver e junte a colher de manteiga restante. Misture bem. Desligue o fogo e regue as fatias de abacaxi com essa caldinha. Sirva com sorvete de creme ou de limão, polvilhe com as raspas de limão e decore com folhas de hortelã.

TRILHA SONORA
ESSE ABACAXI FICA SUPERPERFUMADO, NÉ? E MÚSICA TEM PERFUME? ALGUMAS PARECEM QUE SIM. CORINNE BAILEY RAE CANTANDO "VENUS AS A BOY" É UMA DELAS. SENTE SÓ.

Em vez de sorvete, sirva com o creme de chantili. Tem pitada na p. 54.

Piña colada

Numa coqueteleira, junte uma dose de rum com outra de leite de coco e duas de suco de abacaxi. Ou seja, ¼ de xícara (chá) de rum e de leite de coco e ½ xícara (chá) de suco de abacaxi. Adoce com ½ colher (sopa) de açúcar, se quiser. Feche e bata até ficar cremoso. Transfira para uma taça com gelo e sirva a seguir. Fácil, né? Um detalhe: só vale se você for fazer com leite de coco preparado em casa. Decore com um triângulo de abacaxi preso com um palito a uma cereja ao marasquino.

{ Pitada 67 }

TEMPO DO ONÇA

Sujeito que é muito preconceituoso não pode trabalhar com comida. A mente tem que estar aberta para poder identificar coisas novas, criar, juntar um sabor com outro e descobrir uma combinação inusitada. E, por mais que eu adore comer os mesmos pratos nos mesmos restaurantes, meu trabalho simplesmente não permite deixar de lado ingredientes diferentes, técnicas culinárias inovadoras — ou até rever coisas do tempo do onça com um olhar curioso.

Quando surgiu no blog uma Piña Colada, confesso, torci o nariz. Tenho minhas restrições a coisas que remetam a praias caribenhas, verão de biquíni, foto de pôr do sol — isso porque gente preconceituosa não pode trabalhar com comida. Pois bem, drinque feito, tragado e algo começa a brilhar no céu da boca. Desde o meu aniversário de dez anos, quando floresta negra era o bolo da moda, não comia uma cereja. Por quê? Esquecimento? Desconhecimento? Preconceito? Não saberia responder. Cereja ao marasquino simplesmente nunca passou pelo meu radar. Talvez por isso a descoberta dessas doces bolinhas vermelhas, lustrosas e etílicas tenha sido tão surpreendente.

Fiquei com vontade de tentar algum uso menos óbvio. Antes de entrar na cozinha, dei uma espiadinha no que andam fazendo com cerejas por aí. Meu bem, como elas são controversas! Um reclama do corante; outro, do acidulante. Tem um que jura de pé junto que cereja ao marasquino não existe mais, só o que se acha é chuchu tingido. Fiquei até com medo — fiquei nada. E, lógico, tem uma penca de blogs que propõem aos comedores de cereja de bolo que produzam em casa suas próprias conservas.

Bom, vou dizer a verdade: por ora, não vou fazer nada disso. E continuo encantada com as cerejas que estão na geladeira de casa. Para mim, elas não se parecem em nada com chuchu — têm caroço e cabo. Ou eu sou muito boba e não sei diferenciar o legume da fruta. Mas uma coisa garanto, dando beijinho nos dedos cruzados: prometo não aparecer com espetinho de provolone e cereja. Porque aí, nega, não se trata de uma questão de preconceito. Seria uma total falta de ética profissional induzir o leitor a tamanha gafe culinária.

CALDO CASEIRO DE LEGUMES
RENDE 1,5 LITRO
TEMPO DE PREPARO: 10 MINUTOS + 30 MINUTOS PARA COZINHAR

São tantas as receitas que pedem caldo, da sopa ao risoto, passando pelo cuscuz ao ensopado, até um simples molho para a carne. E tudo pode ir por água abaixo em função de um cubinho. Ele é mesmo mágico: estraga qualquer preparação. E preparar um caldo básico de legumes, saudável e saboroso, é tão, tão simples...

2 cenouras
2 talos de salsão (as folhas de 1)
1 cebola grande
2 litros de água
2 folhas de louro
3 cravos-da-índia
5 grãos de pimenta-do-reino

1. Lave bem todos os legumes, especialmente as folhas de salsão.

2. Descasque a cebola e corte em quatro partes. Corte a cenoura em fatias grossas e o salsão, em pedaços de cerca de 5 cm.

3. Numa panela, junte os legumes, as folhas de salsão e os temperos. Adicione a água e leve ao fogo alto. Quando começar a ferver, abaixe o fogo e deixe cozinhar por 30 minutos.

4. Desligue o fogo e, com uma peneira fina, coe o caldo. Conserve na geladeira por até 5 dias ou congele por 3 meses. Vale até usar forminhas de gelo para facilitar o descongelamento.

TRILHA SONORA
ESSE CALDO GARANTE O SABOR DE MUITAS RECEITAS, ASSIM COMO MUITOS ARTISTAS GOSTAM DE CONVIDAR O CANTOR SEU JORGE PARA DAR UM TEMPERO A MAIS EM SEUS TRABALHOS. NESSE CASO, ELE PARTICIPA DA VERSÃO DE BADI ASSAD PARA "VACILÃO". MISTURA BOA!

O risoto de damasco, queijo meia cura e limão da p. 122 fica outra ~~coisa~~ incrível com caldo caseiro.

Curry cremoso

O.k., você prefere mesmo um frango ao curry tradicional, aquele com molho bem cremoso. Então, vamos usar como base a receita ao lado para fazer uma versão deliciosamente rápida do prato. Faça tudo igual, mas, em vez de cortar o frango grelhado em fatias, corte em cubos. Reserve.

Faça o molho substituindo o caldo de legumes por:

1 xícara (chá) de água
1 xícara (chá) de leite de coco (lembre-se de apostar no caseiro!)

Neste caso, raspe o fundo da panela com a água, durante 2 minutos, passe para outra panela e junte os cubos de frango, o leite de coco e mais 1 colher (chá) de curry. E não precisa usar o roux para engrossar. Deixe cozinhar até o molho encorpar um pouquinho. Enquanto isso, rale 1 maçã fuji e misture na panela. Sirva com arroz, sem o limão.

{ Pitada 68 }

FRANGO GRELHADO AO CURRY
SERVE 4 PESSOAS
TEMPO DE PREPARO: 15 MINUTOS PARA MARINAR + 35 MINUTOS PARA GRELHAR

Este não é um frango ao curry, mas um grelhado perfumado com a clássica combinação de especiarias indianas. No dia a dia, variar os sabores é tão fundamental quanto são os pratos especiais para as comemorações.

6 filés de peito de frango
3 dentes de alho
½ colher (chá) de sal
caldo de 2 limões
4 ½ colheres (sopa) de azeite
1 colher (sopa) de curry em pó
¾ de xícara (chá) de caldo de legumes
1 colher (chá) de roux — *veja a pitada da p. 258.*
2 talos de cebolinha
1 limão

1. Descasque e amasse os dentes de alho com o sal. Pode ser no pilão ou pique fininho com uma faca.

2. Numa tigela grande, misture a pasta de alho com o caldo de 2 limões, 3 colheres (sopa) de azeite e o curry em pó. Junte o frango, misture bem e cubra com filme. Deixe marinar em temperatura ambiente por 15 minutos.

3. Leve uma frigideira antiaderente grande ao fogo médio. Quando aquecer, junte ½ colher (sopa) de azeite e doure dois filés de frango por vez por 4 minutos de cada lado. Transfira para um prato e cubra com papel-alumínio. Repita o procedimento com os outros filés.

4. Baixe o fogo, junte o caldo e, com uma espátula ou colher de pau, raspe o fundo por 2 minutos.

5. Retire a panela do fogo, junte o roux e mexa vigorosamente com um batedor de arame. Volte ao fogo, sem parar de mexer, e deixe cozinhar até engrossar um pouco. Verifique o sabor, ajuste o tempero e passe o molho pela peneira.

6. Lave, seque e corte os talos de cebolinha em fatias não muito finas. Corte o limão em gomos.

7. Corte os filés de frango em fatias grossas, na diagonal. Transfira para uma travessa, salpique com a cebolinha e sirva com o molho e os gomos de limão à parte.

TRILHA SONORA
TAMBÉM É POSSÍVEL VARIAR O SABOR DAS CANÇÕES. O CLÁSSICO "DANCING WITH MYSELF", UM ROCK FEITO PRA PISTA, DO BILLY IDOL, GANHOU UM GOSTINHO DE JAZZ CHARMOSINHO NA ROUPAGEM DO GRUPO FRANCÊS NOUVELLE VAGUE.

ARROZ COM CURRY

SERVE 4 PESSOAS
TEMPO DE PREPARO: 30 MINUTOS

O curry é ótimo para deixar as mais básicas das preparações com uma carinha diferente. O preparo deste arroz é idêntico ao clássico, branco, mas uma pitada de curry muda tudo. Sirva lentilha ou grão-de-bico no lugar do feijão.

2 xícaras (chá) de arroz branco
2 xícaras (chá) de água
½ cebola
1 colher (sopa) de óleo
1 colher (chá) de curry em pó
1 folha de louro
sal a gosto

1. Numa chaleira, leve a água para ferver.

2. Numa peneira, lave o arroz sob água corrente, até a água não escorrer branca.

3. Pique fino a cebola. Enquanto isso, leve uma panela ao fogo baixo. Quando aquecer, regue com o óleo e refogue a cebola até ficar transparente.

4. Junte o arroz, a folha de louro e o curry e mexa bem para não grudar no fundo da panela. Acrescente a água quente e misture. Tempere com sal, baixe o fogo e deixe cozinhar por cerca de 10 minutos na panela tampada parcialmente.

5. Para verificar se ainda há água no fundo da panela, fure o arroz com um garfo. Quando secar, desligue o fogo e tampe a panela para terminar o cozimento no próprio vapor.

6. Depois de 5 minutos, transfira o arroz cozido para uma tigela e sirva em seguida.

TRILHA SONORA
UM GRUPO FORMADO NA FRANÇA RESOLVEU TOCAR O TANGO ARGENTINO DE UMA MANEIRA DIFERENTE, MISTURANDO MÚSICA ELETRÔNICA. CONTINUA SENDO TANGO, MAS É DIFERENTE. ALIÁS, "DIFERENTE" É O NOME DA MÚSICA DE GOTAN PROJECT PARA ACOMPANHAR ESSE ARROZINHO NADA BÁSICO.

CAIPIRINHA DE CARAMBOLA COM MARACUJÁ
SERVE 2 PESSOAS
TEMPO DE PREPARO: 10 MINUTOS

1 maracujá azedo
2 carambolas
2 colheres (sopa) de açúcar
2 doses de cachaça
pedras de gelo

1. Corte o maracujá ao meio e, com uma colher, raspe a polpa de cada metade para um copo.

2. Lave e seque as carambolas. Numa tábua, fatie fino 1 delas e reserve para decorar. Pique grosseiramente a outra e divida entre os copos.

3. Em cada copo, junte o açúcar e macere com um socador. Complete com pedras de gelo e despeje uma dose de cachaça, que equivale a $1/4$ de xícara (chá). Misture com uma colher, fazendo movimentos de baixo para cima.

4. Corte uma fatia de carambola até a metade, insira na borda e coloque as demais dentro do copo. Sirva a seguir.

TRILHA SONORA
QUANDO A CAIPIRINHA FICAR PRONTA, COLOQUE UM SOM DO JOÃO DONATO PARA TOCAR E AÍ É SÓ RELAXAR. NOSSA SUGESTÃO É "LUGAR COMUM", PARCERIA DELE COM GILBERTO GIL, NA VOZ DA CANTORA JOYCE MORENO.

PURÊ DE ABÓBORA COM RICOTA E CURRY
SERVE 2 PESSOAS
TEMPO DE PREPARO: 10 MINUTOS + 20 MINUTOS PARA COZINHAR NO VAPOR

Mais uma preparação que brilha com umas pitadas de curry. Ele é mesmo mágico para temperar, aquecer, perfumar e dar um colorido extra aos mais variados pratos.

500 g de abóbora japonesa descascada, em cubos — *compre já cortada na feira.*
2 colheres (sopa) de creme de ricota
½ colher (chá) de curry em pó
noz-moscada ralada na hora a gosto
1 colher (sopa) de azeite
sal e pimenta-do-reino moída na hora a gosto
cebolinha francesa a gosto

1. Numa panela com cesto, cozinhe os cubos de abóbora no vapor por cerca de 20 minutos. Quando estiverem bem macios, desligue o fogo.
2. Enquanto a abóbora cozinha, lave e seque bem a cebolinha francesa, dois ou três talinhos. Pique fino e reserve.
3. Passe a abóbora ainda quente por um espremedor de batatas e coloque em uma panela. Tempere com sal, pimenta-do-reino e noz-moscada. Junte o creme de ricota, o azeite e o curry. Leve ao fogo para aquecer, mexendo sempre.
4. Sirva numa tigela e salpique com a cebolinha francesa.

TRILHA SONORA
QUANDO APARECEU NO MUNDO DA MÚSICA, JOSS STONE REAQUECEU A SOUL MUSIC TRAZENDO UM NOVO COLORIDO AO ESTILO DOS ANOS 1960 E 1970. COM SEU TOQUE MÁGICO, ELA COMPÕE A TRILHA DESSA RECEITA CHEIA DE COR, COM A MÚSICA "DON'T CHA WANNA RIDE".

Dobre a receita e sirva com o carré de cordeiro da p. 275. Com filé de peixe frito ou assado também fica ótimo.

RICOTA COM MINIPERA GRELHADA
SERVE 4 PESSOAS
TEMPO DE PREPARO: 30 MINUTOS

400 g de ricota fresca
4 miniperas
¾ de xícara (chá) de açúcar
¾ de xícara (chá) de água
manteiga para pincelar
folhas de manjericão para decorar

1. Prepare a calda: numa panela, junte o açúcar e a água e misture com o dedo indicador até dissolver. (Sim, com o dedo indicador. Uma colher faz o açúcar subir pelas laterais da panela e, na hora de ir ao fogo, queima.)

2. Leve ao fogo médio e, quando começar a ferver, deixe cozinhar por cerca de 10 minutos, ou até ficar com a consistência de uma calda rala; desligue o fogo.

3. Numa tábua, corte a ricota em 4 rodelas de cerca de 3 cm de espessura. Corte também as peras no sentido do comprimento, mantendo o cabinho.

4. Leve ao fogo uma frigideira antiaderente e pincele com um pouco de manteiga. Coloque as peras cortadas e grelhe dos dois lados, por cerca de 4 minutos de cada lado ou até ficarem douradas.

5. Coloque a fatia de ricota no centro e apoie duas metades da pera em cada prato. Regue com a calda e salpique as folhas de manjericão. Sirva em seguida.

TRILHA SONORA
AGORA IMAGINA ESSA MINIPERA SE GABANDO DEPOIS DE PRONTA: "EU ERA NENÉM / NÃO TINHA TALCO / MAMÃE PASSOU AÇÚCAR EM MIM...", WILSON SIMONAL NA TRILHA SONORA.

Glamour na sobremesa

Uma sobremesa que seja fácil de fazer, saudável e gostosa é coisa rara. Por isso, a ricota com minipera grelhada ganhou produção especial. Na hora de ir para a mesa, já no prato, como se saísse da cozinha de um restaurante, ela ainda ganha jogo americano especial. A folha dourada de papel de seda, dobrada sob o prato, dá um toque de glamour instantâneo ao final da refeição.

{ Pitada 69 }

Frutas salgadas

Pitadinhas só para a gente pensar um pouco. Manga é fácil de combinar com pratos salgados. É só transformar em molho, seja desse carpaccio ou um tradicional chutney. Mas pense nos figos, nas peras, nas maçãs. Assados, combinam com carnes (aves e peixes inclusos), viram saladas sensacionais — maçã em cubos assada faz um salpicão inacreditável de bom. Lembre que banana, refogada com um pouco de gengibre, vira o melhor purê para servir com peixes. Abacate nem se fala. Amasse, tempere com sal, pimentinha dedo-de-moça picada, limão, um fio de azeite e está pronta uma guacamole express para servir com torradas de pão sírio. São muitas as possibilidades. Dê uma olhada na fruteira e solte a imaginação.

{ Pitada 70 }

CARPACCIO COM VINAGRETE DE MANGA
SERVE 4 PESSOAS
TEMPO DE PREPARO: 30 MINUTOS

Em geral, acho que aproveitamos pouco o tanto de frutas que temos à disposição. E elas são incríveis para compor pratos salgados. Este vinagrete de manga pode ser usado para temperar as mais variadas saladas, mas com carpaccio fica especial. Uma entradinha fácil de fazer e surpreendente.

200 g de carpaccio congelado
1 manga palmer madura
1 colher (sopa) de vinagre de vinho tinto
3 colheres (sopa) de azeite
caldo de ½ limão
sal e pimenta-do-reino moída na hora a gosto
folhas de beterraba baby para acompanhar

1. Descongele o carpaccio na geladeira 30 minutos antes de montar o prato. Enquanto isso, prepare o molho: com uma faca afiada, descasque a manga e corte a polpa em cubos. Coloque nos liquidificador ou no processador de alimentos.

2. Lave as folhas de beterraba em água corrente. Transfira para uma tigela grande com água e 1 colher (sopa) de vinagre de vinho branco e deixe de molho por 10 minutos. Retire as folhas em vez de escorrer a água; assim, as sujeirinhas ficam no fundo da tigela. Seque as folhas com um pano de prato limpo ou passe pela centrífuga de salada.

3. Junte o caldo de limão, o azeite e o vinagre de vinho tinto à manga e bata até virar um creme liso. Transfira para uma tigelinha ou molheira, passando pela peneira.

4. Forre o fundo de 4 pratos rasos com as lâminas de carpaccio. Disponha um punhadinho de folhas de beterraba em cada e regue com o vinagrete de manga. Tempere com pimenta-do-reino moída na hora a gosto. Sirva a seguir.

TRILHA SONORA
"UNDERNEATH THE MANGO TREE" É UMA MÚSICA DO FILME *007 CONTRA O SATÂNICO DR. NO*, DE 1962. MUITOS ANOS DEPOIS A CANTORA BRASILEIRA CIBELLE REGRAVOU A CANÇÃO ICÔNICA, QUE ACOMPANHA BEM O NOSSO CARPACCIO.

Sirva com a tapenade da p. 127. Com a pasta de cebola caramelizada da p. 77, também fica incrível. Ou apenas passe no prato com azeite.

FOCACCIA DE ALECRIM

RENDE 1 PÃO
TEMPO DE PREPARO: 30 MINUTOS PARA O FERMENTO + 1H20 PARA O PÃO DESCANSAR
+ 30 MINUTOS PARA ASSAR

PARA O FERMENTO

1 xícara (chá) de farinha de trigo
1 tablete de fermento biológico (15 g)
1 colher (sopa) de mel
2 colheres (sopa) de azeite
1 ½ de xícara (chá) de água

1. Leve 1 ½ xícara (chá) de água ao fogo, apenas para amornar, sem deixar ferver — caso contrário, o calor mata o fermento, em vez de ativá-lo.

2. Numa tigela, misture o fermento com o mel, até ficar liso. Dica: unte com óleo (ou azeite) a colher de sopa para medir o mel, assim ele não fica grudado.

3. Junte a metade da água e 1 xícara (chá) de farinha de trigo na tigela com o fermento e misture bem. Regue com o restante da água, junte o azeite e mexa até que a mistura fique lisa. Tampe (com um prato) e deixe descansar por 30 minutos.

PARA O PÃO

1 ¼ de xícara (chá) de farinha de trigo
1 ¼ de xícara (chá) de farinha de trigo integral
2 colheres (chá) de sal

1. Numa tigela grande, misture as farinhas com o sal. Junte o fermento preparado e misture bem com as mãos, até obter uma massa lisa. Nesse ponto, ela fica bem mole, grudando nas mãos. É assim mesmo. Não coloque mais farinha!

2. Transfira a massa para uma superfície bem enfarinhada e sove por 10 minutos, dobrando a massa sobre ela mesma, apertando, esticando e dobrando novamente, num movimento firme e com ritmo. Pode juntar um pouco mais de farinha, mas quanto mais úmida a massa, melhor. É mais difícil de trabalhar, gruda um pouco nas mãos, porém o resultado é um pão mais macio. De todo jeito, depois da sova ela desgruda das mãos.

3. Unte uma tigela grande com um pouco de azeite e coloque a massa para descansar e crescer por 1 hora. Cubra com um pano de prato limpo e úmido.

a receita continua...

PARA A COBERTURA E A MONTAGEM

1 ramo de alecrim
1 colher (chá) de sal grosso
3 colheres (sopa) de azeite

1. Preaqueça o forno a 180 °C (temperatura média). Numa assadeira antiaderente de cerca de 30 x 25 cm, espalhe 1 colher (sopa) de azeite.

2. Transfira a massa para a assadeira, virando a tigela delicadamente. Unte as pontas dos dedos com azeite e vá fazendo furinhos na massa ao mesmo tempo em que espalha, dando um formato ovalado (como o da focaccia da foto). Cuidado para não apertar demais — queremos manter o ar da massa! Não é necessário cobrir todo o fundo.

3. Distribua uniformemente os ramos de alecrim e regue com o azeite restante. Com a ponta do dedo, espalhe mais um pouco de azeite nos raminhos de alecrim. Polvilhe o sal grosso.

4. Deixe descansar por mais 20 minutos. Leve ao forno para assar por 30 minutos ou até que as bordas fiquem douradas.

TRILHA SONORA
ESTAVA DEMORANDO PARA APARECER UM ITALIANO NA TRILHA SONORA DESTE CAPÍTULO. MAS COM FOCACCIA NÃO TEM JEITO: ESCOLHEMOS O CANTOR MARIO BIONDI, SÓ QUE CANTANDO EM INGLÊS — ATÉ LEMBRA UM POUCO O BARRY WHITE. A MÚSICA É "A LITTLE PIECE OF MY LIFE".

Alecrim ~~alecrim dourado~~ dá mesmo uma iluminada no sabor dos pratos. Vê lá o "mac" da p. 30.

CEBOLA ASSADA COM ALECRIM
SERVE 2 PESSOAS
TEMPO: 10 MINUTOS + 20 MINUTOS NO FORNO

Ela é a base de tudo. Ou de quase tudo. Arroz branco, risoto, caldos, sopas e ensopados, vai crua na salada, no quibe cru, transforma ricota em aperitivo, coroa o cuscuz marroquino. Mas aqui ela é a atração. Sim, pode ser apenas um acompanhamento para carnes. Mas é também um aperitivo delicioso para servir com a focaccia da página anterior.

2 cebolas
2 colheres (sopa) de azeite
4 ramos de alecrim pequenos
Sal e pimenta-do-reino moída na hora a gosto

1. Preaqueça o forno a 200 °C (temperatura média-alta).
2. Descasque e corte as cebolas em quatro partes. Lave e seque os raminhos de alecrim.
3. Transfira todos os ingredientes para uma assadeira e regue com o azeite. Tempere com sal e pimenta-do-reino moída na hora.
4. Leve para assar por cerca de 20 minutos ou até as cebolas ficarem douradas. Retire do forno e sirva em seguida.

TRILHA SONORA
O BATERISTA É FIGURA INDISPENSÁVEL PARA A MAIORIA DAS BANDAS, MAS QUASE SEMPRE FICA COM O PAPEL DE COADJUVANTE. NA MÚSICA "TAKE FIVE", DO DAVE BRUBECK QUARTET, É DIFERENTE. O PIANO FAZ A BASE ENQUANTO A BATERIA VEM COM FORÇA TOTAL, COMO A CEBOLA DESSA RECEITA.

BOLO DE LARANJA COM GLACÊ DE ÁGUA DE FLOR DE LARANJEIRA

SERVE 8 PESSOAS
TEMPO DE PREPARO: 25 MINUTOS + 50 MINUTOS NO FORNO

PARA A MASSA

3 xícaras (chá) de farinha de trigo

2 xícaras (chá) de açúcar

½ xícara (chá) de caldo de laranja

¾ de xícara (chá) de iogurte natural

1 colher (sopa) de licor de laranja

1 colher (chá) de essência de baunilha

200 g de manteiga em temperatura ambiente

5 ovos

2 colheres (chá) de fermento em pó

½ colher (chá) de sal

1 colher (sopa) de raspas de laranja-baía

1. Preaqueça o forno a 180 °C (temperatura média). Unte com manteiga e polvilhe com farinha de trigo duas fôrmas de bolo inglês médias de cerca de 24 cm de comprimento. Se preferir, também dá para assar numa assadeira retangular.

2. Passe a farinha de trigo e o açúcar pela peneira, em tigelas separadas. Numa terceira tigela, misture bem o iogurte, o suco de laranja, o licor e a essência de baunilha.

3. Na batedeira, junte a manteiga e o açúcar peneirado. Em velocidade média, bata até virar um creme fofo e esbranquiçado.

4. Acrescente os ovos, um a um, batendo sempre. Adicione a farinha peneirada e a mistura de iogurte alternadamente, até formar uma massa lisa. Em seguida, junte o fermento e o sal e bata apenas para misturar.

5. Desligue a batedeira e acrescente as raspas de laranja. Com uma espátula, misture bem. Transfira a massa para as fôrmas preparadas e leve ao forno preaquecido para assar por cerca de 50 minutos. Para verificar o ponto, espete um palito na massa. Se sair limpo, está pronto.

6. Retire do forno e deixe o bolo esfriar por 15 minutos, antes de desenformar. Deixe esfriar completamente antes de cobrir com o glacê. Espere secar e sirva em seguida.

PARA O GLACÊ

1 xícara (chá) de açúcar de confeiteiro
2 colheres (sopa) de caldo de laranja
1 colher (sopa) de água de flor de laranjeira
raspas de laranja-baía a gosto

Somente na hora de espalhar o glacê, misture o açúcar de confeiteiro, o caldo de laranja e a água de flor de laranjeira numa tigelinha. Regue sobre o bolo e espere secar por 1 hora antes de servir. Decore com as raspas de laranja.

TRILHA SONORA
A NOSSA ÁGUA DE FLOR DE LARANJEIRA TROUXE À MENTE UM BEIJA-FLOR, NOME DA MÚSICA LANÇADA PELA TIMBALADA, QUE FOI REGRAVADA PELA MARINA LIMA COM UMA PEGADA BEM SUAVE. TUDO A VER COM O CLIMA DE UM CHÁ DA TARDE.

Ovo mole e tiras de pão

A verdade é que ovos são a salvação. Uma casa sem ovos na geladeira deixa a vida mais difícil. Nem sei quantas foram as vezes que no fim de semana macarrão com ovo foi o jantar dos meus filhos — uma fatia de bacon e já temos um carbonara para os adultos! Mas é pela manhã que ovos fazem meus olhos brilhar. Já notou como um ovo cozido faz a gente segurar a onda até a hora do almoço? Sempre que quero dar aquela segurada na alimentação (a palavra dieta é proibida no meu vocabulário), recorro ao ovo cozido pela manhã. Mas, aí, sem pão. Duro, né? Ou o pão tem que ser com fermentação natural, sem nenhum químico. Duas tiras para chuchar dentro do ovo e pronto. Já o preparo do ovo é assim:

Em uma panela, cubra os ovos com água e leve ao fogo alto. Fique de olho na água, pois assim que ela ferver, você precisa desligar o fogo. Tampe a panela e conte 4 minutos se você gosta de ovo mole. Se quiser a gema um pouco mais firme, 5 minutos. Mais do que isso vira ovo cozido.

Corte uma fatia de pão em tiras, coloque num pratinho com o porta-ovos, abra o ovo e tempere com sal e pimenta-do-reino moída na hora. Não tem um suporte próprio para servir os ovos? Sirva o ovo (sem a casca) numa tigelinha. Igualmente delicioso, talvez até mais prático de comer.

{ Pitada 71 }

Queijos brasileiros

Comer queijo na sobremesa pode parecer coisa de francês, até que a gente se lembra do Romeu e Julieta. Brasileiro também gosta de queijo para terminar as refeições! E mais, também produz queijos incríveis. O problema era que eles não podiam circular de um estado para o outro. Mas, aos poucos, os obstáculos legais foram caindo — dava para comprar em São Paulo queijo da serra da Estrela, mas não podíamos ter à mesa um legítimo queijo da serra da Canastra. Olha que coisa boa terminar uma refeição assim. Em vez de goiabada ou doce de leite, experimente servir o queijo com um bom mel, outro produto que vem ganhando a atenção dos gourmets.

{ Pitada 72 }

PICANHA ASSADA COM SAL GROSSO

SERVE: 6 PESSOAS
TEMPO DE PREPARO: 10 MINUTOS + 40 MINUTOS NO FORNO

1 peça de picanha de até 1,2 kg
4 claras
1 kg de sal grosso
½ xícara (chá) de farinha de trigo
ramos de tomilho fresco a gosto

1. Preaqueça o forno a 220 °C (temperatura alta).
2. Numa tigela, coloque as claras, o sal grosso, a farinha e misture rapidamente com uma colher.
3. Numa assadeira, coloque ⅓ da mistura de sal grosso e espalhe com as mãos até obter uma camada do tamanho da carne. Disponha o tomilho sobre o sal grosso e coloque a picanha sobre essa camada, com a gordura para cima. Despeje o restante do sal sobre a carne e espalhe, para que envolva a picanha uniformemente e pressione para que fique bem firme.
4. Leve a picanha ao forno, baixe a temperatura para 200 °C (temperatura média-alta) e deixe assar por 40 minutos para servir a carne malpassada; 1 hora e a carne fica ao ponto; quem quiser a carne bem passada precisa deixar assar por 1 hora e 20 minutos.
5. A camada de sal grosso depois de assada torna-se uma placa bem dura e levemente dourada. Com o auxílio de uma faca, retire a placa e raspe o excesso de sal da carne.
6. Coloque a carne numa tábua e corte fatias bem finas. Se quiser, coloque a placa de sal grosso novamente sobre a carne fatiada e sirva a seguir com mais ramos de tomilho para decorar. Tempere com pimenta-do-reino moída na hora e sirva em seguida.

TRILHA SONORA
PARA UM PRATO QUE COSTUMA SER UM DOS PREFERIDOS DOS RAPAZES, TOCAR ROLLING STONES COMO TRILHA NÃO TEM ERRO. A MÚSICA ESCOLHIDA É "HARLEM SHUFFLE".

Esta picanha com a farofa de banana da p. 203 faz o almoço virar uma festa!

Purê ultracremoso

No último passo da receita, em vez de mexer vigorosamente o purê na panela, bata com a batedeira. Quem não se incomoda com calorias extras ainda pode colocar mais um pouco de manteiga e continuar batendo. Volte à panela e sirva bem quente.

{ Pitada 73 }

PURÊ DE BATATAS

SERVE 6 PESSOAS
TEMPO DE PREPARO: 30 MINUTOS + 20 MINUTOS PARA COZINHAR AS BATATAS

1,5 kg de batata
50 g de manteiga
1 ½ xícara (chá) de leite
noz-moscada a gosto
sal a gosto

1. Descasque e corte as batatas em pedaços médios. Coloque numa panela e cubra com bastante água fria. Acrescente ½ colher (sopa) de sal, misture e leve ao fogo alto.

2. Quando começar a ferver, deixe cozinhar por aproximadamente 20 minutos ou até que as batatas fiquem bem macias (espete com um garfo para verificar o ponto).

3. Desligue o fogo, escorra a água e passe as batatas ainda quentes por um espremedor sobre a mesma panela, sem a água, claro.

4. Enquanto isso, leve o leite ao fogo baixo, apenas para aquecer — não deixe ferver. Esse é um dos segredos para o purê não empelotar: o leite deve estar na mesma temperatura da batata.

5. Junte a manteiga à batata espremida e regue com leite quente. (A quantidade de leite pode variar de acordo com o tipo de batata. Se for preciso, coloque um pouco mais de leite.)

6. Tempere com uma boa pitada de noz-moscada (esse é o segredo de um purê bem saboroso). Misture muito bem com uma colher e verifique o sabor. Se precisar, ajuste o sal.

7. Leve a panela ao fogo baixo e mexa vigorosamente até o purê começar a borbulhar. Sirva a seguir.

TRILHA SONORA
ENQUANTO ESPREME A BATATA E MEXE O PURÊ, PONHA PRA TOCAR A CANTORA DE SOUL DEE DEE SHARP, QUE NO COMEÇO DOS ANOS 1960 FEZ SUCESSO COM A MÚSICA "MASHED POTATO TIME".

FRANGO GRELHADO COM ÓLEO DE COCO E MOLHO DE IOGURTE

SERVE 4 PESSOAS
TEMPO DE PREPARO: 30 MINUTOS PARA MARINAR + 35 MINUTOS PARA GRELHAR

Se você não é muito chegado à comida mais apimentada, substitua a páprica picante pela versão doce. Acontece que a graça deste franguinho é justamente já vir com o molho de iogurte, que apazigua o queimadinho que a especiaria provoca. Agora, se você curte comida bem temperada, não deixe de provar também o chutney de coco com coentro para acompanhar o prato.

PARA O FRANGO

4 filés de peito de frango
2 dentes de alho
3 colheres (sopa) de gordura de coco
1 colher (sopa) de vinagre de vinho branco
1 colher (chá) de páprica picante
sal a gosto

OPCIONAIS PARA DECORAR

folhas de coentro
fitas de coco
páprica doce para salpicar

1. Descasque e amasse os dentes de alho com ½ colher (chá) de sal. Pode ser no pilão ou pique fininho com uma faca.

2. Numa tigelinha, misture 2 colheres (sopa) de gordura de coco, o vinagre, a pasta de alho e a páprica. Transfira para um saco plástico e junte os filés de frango. Feche o plástico e espalhe a marinada. Deixe tomando gosto por 15 minutos.

3. Leve uma frigideira ou grelha ao fogo médio. Quando aquecer, coloque ½ colher (sopa) de gordura de coco e doure 2 filés de frango por 4 minutos de cada lado. Transfira para um prato e cubra com papel-alumínio. Repita o procedimento com os outros 2 filés.

4. Numa tábua, corte os filés de frango em fatias grossas, na diagonal. Passe para um prato bonito e sirva com o molho de iogurte e com o chutney de coco fresco.

TRILHA SONORA
O IOGURTE SUAVIZA A PÁPRICA, ASSIM COMO O TIMBRE MAIS GRAVE DE RAY CHARLES TRAZ LEVEZA À VOZ APIMENTADA DE NATALIE COLE NO DUETO "FEVER", QUE ELES GRAVARAM NO DISCO *GENIUS LOVE COMPANY*.

A páprica dá um toque especial ~~neste~~ ao frango grelhado e também fica incrível nos eggs Benedict da p. 57.

PARA O MOLHO DE IOGURTE

1 xícara (chá) de iogurte natural
1 colher (sopa) de azeite
sal a gosto

Numa tigela, junte o iogurte e o azeite, tempere com sal e misture bem.

Chutney de coco com coentro

A receita original deste molho está no meu livro *Cozinha de estar*. Aqui, sugiro uma versão jogo rápido para acompanhar esse franguinho, que já leva iogurte na composição — por isso, ele não entra na preparação, como na versão original. A receita fica assim:

1 xícara (chá) de coco fresco ralado

½ xícara (chá) de água quente

2 colheres (sopa) de folhas de coentro picado

½ colher (chá) de molho de pimenta

4 colheres (sopa) de óleo de gergelim

1 colher (chá) de mostarda em grãos

No liquidificador ou processador de alimentos, bata o coco com a água, o coentro e o sal, até formar uma pasta. Enquanto isso, frite os grãos de mostarda no óleo de gergelim. Tampe a panela e desligue o fogo assim que começarem a estourar. Numa tigela, misture a pasta de coco com a mostarda e o óleo. Tempere com a pimenta, misture bem e sirva quente ou frio.

{ Pitada 74 }

Gordura de coco

Quem é ligado em *magia nutricional* já deve ter ouvido falar na gordura de coco. As publicações de dieta, daquele tipo "perca dez quilos em dois dias", apontam o alimento como milagroso na luta contra a barriguinha. Exageros à parte, parece que a gordura de coco é mesmo bem saudável. (Já pensou se a gente desenvolve a dieta baiana, à base de peixe e gordura de coco, e as mulheres ficam todas gostosas feito Gabriela?) Pois bem, ela pode ser usada no lugar dos óleos para refogar a cebola do arroz, para grelhar o frango, para fritar o peixe. Tem à venda em qualquer supermercado grande. E pode morar na cozinha, mas é essencial para levar para a praia. Não tem coisa melhor para passar na pele, depois de um dia no sol. Acalma, hidrata e faz brilhar.

{ Pitada 75 }

TRILHA SONORA
PRA COMBINAR COM ESSA FAROFA, O CLÁSSICO "BANANEIRA", DE JOÃO DONATO, INTERPRETADO PELA VOZ ADOCICADA DE BEBEL GILBERTO.

FAROFA DE BANANA
SERVE 6 PESSOAS
TEMPO DE PREPARO: 20 MINUTOS

Eu não resisto a uma boa farofa. É comida brasileira de primeira. Combina com dia a dia, com festa, com carne, com peixe, com frango, com ovo — já provou moqueca de ovo? A farinha de mandioca pode ser a torrada, mas, pessoalmente, prefiro o sabor da crua.

3 xícaras (chá) de farinha de mandioca
2 cebolas roxas
2 dentes de alho
3 bananas-prata
4 colheres (sopa) de manteiga
sal e pimenta-do-reino a gosto

1. Descasque as bananas, as cebolas roxas e os dentes de alho.
2. Numa tábua, pique fininho as cebolas roxas e os dentes de alho.
3. Corte a banana ao meio no sentido do comprimento e, em seguida, fatie em pedaços médios formando meias-luas.
4. Numa panela, coloque a manteiga e leve ao fogo médio. Quando derreter, junte a cebola e refogue por 2 minutos, mexendo sempre.
5. Coloque o alho e refogue por mais 1 minuto. Junte os pedaços de banana, mexa bem e adicione a farinha de mandioca. Continue misturando por mais 5 minutos.
6. Tempere com sal e pimenta-do-reino a gosto. Sirva em seguida.

PÃO DE MEL

RENDE 30 UNIDADES
TEMPO DE PREPARO: 30 MINUTOS + 20 MINUTOS PARA ASSAR + 15 MINUTOS PARA SECAR
(E 1 MINUTO PARA DEVORAR)

2 ¾ de xícaras (chá) de farinha de trigo

¾ de xícara (chá) de leite integral

¾ de xícara (chá) de açúcar

100 g de manteiga em temperatura ambiente

3 ovos

½ xícara (chá) de mel

½ colher (chá) de noz-moscada em pó

1 colher (chá) de canela em pó

1 colher (chá) de cacau em pó

½ colher (chá) de gengibre em pó

¼ de colher (chá) de raspas de laranja-baía

1 colher (chá) de bicarbonato em pó peneirado

1. Preaqueça o forno a 180 ºC (temperatura média). Corte um retângulo de papel-manteiga de 20 x 30 cm para forrar uma assadeira retangular com a mesma medida. Unte com manteiga e forre o fundo com o papel.

2. Numa tigela, misture a noz-moscada, a canela, o cacau, o gengibre, as raspas de laranja-baía e o bicarbonato. Reserve.

3. Na batedeira, junte a manteiga, o açúcar, o mel e bata até ficar uma mistura lisa.

4. Adicione os ovos, um a um, batendo bem entre cada adição.

5. Diminua a velocidade e adicione a farinha aos poucos, alternando com o leite. A cada adição, bata apenas para misturar.

6. Junte a mistura de especiarias à tigela da batedeira e bata por 1 minuto, apenas para misturar.

7. Despeje a massa na assadeira preparada e, com uma espátula, espalhe para nivelar. Leve ao forno para assar por cerca de 20 minutos. Retire do forno e deixe esfriar antes de desenformar.

PARA A COBERTURA

1 kg de chocolate ao leite

1. Corte a barra de chocolate em pedaços pequenos (ou compre o chocolate para cobertura que vem em formato de moedas).

TRILHA SONORA
PÃO DE MEL É DAQUELES DOCES QUE FAZEM OS ADULTOS SE SENTIREM CRIANÇAS "LONGE DE QUALQUER PROBLEMA", COMO NA MÚSICA "FLAGRA", DA RITA LEE.

2. Numa tigela de vidro, derreta o chocolate no micro-ondas, em rodadas de 1 minuto, com cuidado para não queimar o chocolate. Se preferir, derreta em banho-maria: encaixe a tigela numa panelinha com água fervente — sem que a água encoste no fundo da tigela. Mexa até derreter.

3. Forre uma assadeira com papel-manteiga e coloque uma grade por cima.

4. Desenforme o pão de mel numa tábua grande, corte em retângulos e transfira para a grade.

5. Com uma colher, regue cada pão de mel com o chocolate derretido, cobrindo bem as laterais. Deixe secar em temperatura ambiente. Se estiver muito quente, leve à geladeira por 15 minutos.

6. Repita o procedimento com toda a massa. Reutilize o chocolate que ficou no papel-manteiga sob a grade. Conserve em local fresco.

MOLHOS QUE FAZEM A SALADA

Se você é um leitor antigo, conhece todas as minhas manias em relação à salada de folhas verdes. Além de limpíssimas, as folhas têm que estar... sequíssimas. Isso significa que uma centrífuga de salada é fundamental na cozinha — até hoje não encontrei uma marca que durasse mais de um ano. E olha que já comprei modelos caros! Mas não dá para ficar sem ela. O maior pepino é que a água dilui o molho, e a salada fica sem sabor, por melhor que seja o vinagrete.

Salada com cara de fim de feira não dá. E, infelizmente, folhas não costumam ter vida longa. Quem quiser comer salada todo dia tem que comprar folhas toda semana, às vezes, duas vezes por semana.

Já o molho da salada, nem pense em comprar. Sempre achei que isso era coisa de americano. Mas, com o passar dos anos, vejo que os americanos aqui do Sul também andam colocando esses vidros de tempero pronto no carrinho de compras. Uma pena. Um limão, um bom azeite e a salada já fica deliciosa. Pode ser o limão siciliano se estiver na temporada dele, que vai de junho a agosto. É nessa época que aproveito para fazer bolo, molho, conserva, tudo com esse limão.

Voltando ao molho de salada, um bom começo é a proporção de 1 para 3. Ou seja, para cada parte de ácido, seja suco de limão ou vinagre, misturamos 3 partes de gordura, seja azeite, seja óleo. Mas há outras possibilidades.

Faço a seguir algumas sugestões. Em todas, coloque os ingredientes numa tigelinha na ordem listada e vá misturando bem entre cada adição, com um batedor de arame.

Outra ideia: coloque os ingredientes num vidrão de conserva, tampe e chacoalhe até ficar cremoso.

Vinagrete básico

3 colheres (sopa) de vinagre de vinho branco

1 colher (chá) de mostarda de Dijon

½ colher (chá) de sal marinho

½ xícara (chá) de azeite

umas gotas de molho inglês (opcional)

{ Pitada 76 }

Um detalhe: prefiro colocar a pimenta-do-reino moída na hora direto no prato, em vez de temperar o molho.

Mediterrâneo

Faça o vinagrete básico e adicione:

½ xícara (chá) de queijo de cabra do tipo feta amassado
1 colher (sopa) de salsinha picada bem fininho

{ Pitada 77 }

Balsâmico e limão

2 colheres (sopa) de vinagre balsâmico

1 colher (sopa) de caldo de limão

2 colheres (chá) de mostarda de Dijon

½ colher (chá) de sal marinho

½ xícara (chá) de azeite

{ Pitada 78 }

Mel e mostarda

2 colheres (chá) de mostarda de Dijon

2 colheres (chá) de mel

2 colheres (sopa) de caldo de limão

½ colher (chá) de sal

¼ de xícara (chá) de azeite

¼ de xícara (chá) de óleo vegetal

{ Pitada 79 }

Molho cremoso

1 dente de alho amassado com ¼ de colher (chá) de sal

¼ de xícara (chá) de maionese

3 colheres (sopa) de vinagre de vinho branco

2 colheres (sopa) de iogurte natural

2 colheres (sopa) de azeite

1 colher (sopa) de salsinha picada fino

{ Pitada 80 }

Molho Caesar

Bata no processador de alimentos:

1 gema

1 dente de alho

½ colher (chá) de sal

caldo de 1 limão

1 colher (chá) de mostarda de Dijon

4 filés de anchova

½ xícara (chá) de azeite

⅓ de xícara (chá) de parmesão ralado

água até dar o ponto de molho (varia bastante)

{ Pitada 81 }

Vinagrete de chutney de manga

1 colher (sopa) de chutney de manga (veja p. 279)

2 colheres (sopa) de caldo de limão

½ colher (chá) de sal

¼ de xícara de óleo vegetal

{ Pitada 82 }

Molho oriental de gergelim

2 colheres (sopa) de vinagre de cidra

1 colher (sopa) de açúcar mascavo

1 colher (chá) de gengibre ralado

3 colheres (sopa) de óleo de gergelim

⅓ de xícara (chá) de óleo vegetal

½ colher (chá) de sal

{ Pitada 83 }

Molho oriental de missô

Bata no processador de alimentos:

2 colheres (sopa) de pasta de soja (missô)

½ colher (sopa) de gengibre ralado

caldo de 2 limões

1 dente de alho

1 colher (chá) de molho de pimenta

1 colher (chá) de açúcar

½ xícara (chá) de óleo vegetal

{ Pitada 84 }

Vinagrete de shoyu

3 colheres (sopa) de açúcar

¼ de xícara (chá) de shoyu

¼ de xícara (chá) de vinagre de arroz

6 colheres (sopa) de óleo de gergelim torrado

{ Pitada 85 }

QUICHE DA LAURINHA
SERVE 6 PESSOAS
TEMPO DE PREPARO: 15 MINUTOS + 2 HORAS NA GELADEIRA
+ 20 MINUTOS PARA PRÉ-ASSAR A MASSA + 50 MINUTOS PARA ASSAR

A quiche Lorraine ganha queijo meia cura e vira quiche da Laurinha. Em vez de bacon, experimente assar a torta com salmão defumado. Não gosta de nenhuma das opções, faça a quiche só com o queijo. A Laurinha é joinha, pode tudo! Mas se for fazer só com queijo, que tal polvilhar o fundo da massa pré-assada com castanha-de-caju?

PARA A MASSA

2 xícaras (chá) de farinha de trigo
150 g de manteiga gelada
5 colheres (sopa) de água gelada
1 colher (chá) de sal

1. Você vai precisar de uma fôrma de quiche, ou de fundo removível, de cerca de 20 cm de diâmetro e de preferência antiaderente. Numa tigela, coloque água com gelo. Reserve.

2. Corte a manteiga em cubinhos de cerca de 1 cm e coloque numa tigela com a farinha e o sal. Misture com as mãos, rapidamente, sem desmanchar a manteiga.

3. Com a colher medidora, coloque 5 colheres (sopa) de água gelada na tigela e misture apenas até conseguir formar uma bola. Evite trabalhar demais a massa, pois ela acaba ficando menos crocante. Deixe pontinhos de manteiga aparentes, sem serem incorporados à farinha.

4. Embrulhe a bola de massa em filme e/ou coloque num saco plástico e leve à geladeira de 2 a 24 horas, o que for mais conveniente para você.

5. Retire a massa da geladeira. Se estiver muito dura, amoleça com o calor das mãos, trabalhando o mínimo possível. Lembre que o truque aqui é manter a massa sempre gelada. Numa superfície lisa e enfarinhada, abra a massa com um rolo. Ela deve ficar maior que a fôrma para cobrir o fundo e as laterais.

6. Enrole a massa no rolo e desenrole sobre a fôrma. Com as mãos, modele a massa na fôrma, retirando as sobras. Para que a massa não fique rachada, é importante apertar os cantos para formar uma base sólida. Retire o excesso de massa passando o rolo sobre a fôrma ou com uma faquinha.

7. Leve a fôrma com a massa à geladeira por mais 10 minutos. Enquanto isso, preaqueça o forno a 200 °C (temperatura média-alta).

8. Coloque uma folha de papel-manteiga sobre a torta e preencha o fundo com feijão cru. (O objetivo é formar um peso que não deixe o fundo da massa inflar e quebrar ao assar.) Leve ao forno por cerca de 20 minutos, até que esteja dourada. Retire os feijões e o papel do fundo. Reserve a massa. Enquanto isso, prepare o recheio.

PARA O RECHEIO

300 g de queijo meia cura
5 ovos
1 xícara (chá) de creme de leite fresco
1 xícara (chá) de iogurte integral
1 pitada generosa de noz-moscada ralada na hora
1 pitada de pimenta-do-reino moída na hora
50 g de salmão defumado ou de bacon (opcional)

a receita continua...

1. Se estiver fazendo o recheio enquanto a massa está pré-assando, reduza a temperatura para 180 °C (temperatura média). Caso contrário, preaqueça o forno.

2. Rale o queijo meia cura com o ralador médio. Corte o salmão em cubinhos. Se estiver usando o bacon, corte em cubos, doure ligeiramente numa frigideira e transfira para um prato.

3. Numa tigela, bata bem os ovos com um garfo. Junte o creme de leite, o iogurte, o queijo ralado e mexa até a mistura ficar homogênea.

4. Tempere com noz-moscada, pimenta-do-reino — como o queijo costuma ser bem salgado, não precisa temperar com sal.

5. Na massa pré-assada, coloque as tiras de salmão ou os cubos de bacon. Regue com o creme de ovos.

6. Com cuidado para não derramar o recheio, leve a torta ao forno para assar por 50 minutos a 1 hora, até que a superfície fique dourada. Retire do forno e deixe esfriar e firmar por 15 minutos antes de servir. Se preferir, sirva à temperatura ambiente. Para aquecer a quiche, cubra com papel-alumínio e leve ao forno preaquecido por 15 minutos.

TRILHA SONORA
CURTIU A QUICHE REINVENTADA? VOCÊ TAMBÉM VAI GOSTAR DA VERSÃO REPAGINADA QUE A TALENTOSA ESPERANZA SPALDING CRIOU PARA "PONTA DE AREIA", UMA DAS MAIS BELAS CANÇÕES MINEIRAS DE TODOS OS TEMPOS.

BOLO GELADO DE ABACAXI

SERVE 12 PESSOAS
TEMPO DE PREPARO: 1H30 + 2 HORAS PARA O BOLO GELAR

A receita é feita com abacaxi, mas a sobremesa é bem pé na jaca — sabe aqueles bolos gelados que a gente simplesmente não consegue parar de comer? E essa preparação tem um sabor especial para mim: durante a infância, a mãe de uma amiguinha preparava quando íamos brincar na casa dela. Comíamos bolo maquiadas com sombra azul e, acho até, calçávamos uns saltos altos da tia Stanis. Marina, minha amiguinha, e eu perdemos contato. Quase três décadas depois, consegui resgatar a receita! Imagina o estrago que foi a primeira vez que fiz o bolo... Comi por trinta anos. Só que, dessa vez, sem sombra nem salto alto, mas com o avental ainda amarrado na cintura.

PARA O ABACAXI

1 abacaxi bem grande
¼ de xícara (chá) de açúcar
¼ de xícara (chá) de rum

1. Descasque o abacaxi e corte em cubos de aproximadamente 1 cm.

2. Numa panela, junte o abacaxi, o rum e o açúcar e leve ao fogo médio, mexendo de vez em quando, até que ele amoleça e forme uma calda.

3. Passe o abacaxi cozido pela peneira e reserve a calda, que será usada para regar a massa. Transfira o abacaxi em cubinhos para outra tigela, cubra com filme e leve à geladeira para esfriar.

PARA O CREME

1 lata de leite condensado
1 xícara (chá) de leite
3 gemas (as claras serão usadas na cobertura)

1. Numa panela, misture todos os ingredientes. Se quiser, passe as gemas pela peneira.

2. Leve a panela ao fogo baixo e mexa sem parar por cerca de 10 minutos ou até que engrosse — mas lembre-se que, depois de frio, o creme firma.

3. Desligue o fogo e transfira o creme para uma tigela. Cubra com filme, encostando no creme, e leve à geladeira por, no mínimo, 30 minutos para esfriar.

a receita continua...

PARA A MASSA

6 ovos
6 colheres (sopa) de açúcar
6 colheres (sopa) de farinha de trigo
manteiga e farinha de trigo para untar e polvilhar

1. Preaqueça o forno a 180 ºC (temperatura média). Unte com manteiga uma assadeira retangular grande de 30 x 40 cm e polvilhe com cerca de 2 colheres (sopa) de farinha, chacoalhando bem para cobrir todo o fundo.

2. Separe as claras das gemas. Na batedeira, na velocidade média, bata as claras em neve, até triplicarem de volume. Assim que ficarem firmes, passe para a próxima etapa. (Caso contrário o pão-de-ló vai ficar ressecado.) Para verificar o ponto, assim que as claras ficarem brancas e volumosas, pare de bater, mergulhe um batedor de arame nas claras e levante: se o biquinho da ponta cair, ainda pode bater mais um pouco; se ficar em pé, é hora de juntar o açúcar.

3. Sem parar de bater, junte o açúcar, de colher em colher. Em seguida, junte as gemas, e bata um pouquinho entre cada adição.

4. Diminua a velocidade da batedeira e junte a farinha às colheradas. (Se estiver "roubando no jogo", agora é hora de juntar a água; por último, adicione o fermento e bata só até incorporar.)

5. Transfira a massa para a fôrma e leve ao forno para assar por 20 minutos ou até começar a dourar. Retire do forno e deixe esfriar antes de desenformar.

PARA A COBERTURA

3 claras
6 colheres de sopa de açúcar
2 caixinhas de creme de leite (400 g)

1. Na batedeira, bata as claras e, quando firmarem, acrescente o açúcar em colheradas, sem parar de bater.

2. Numa tigela, coloque o creme de leite e, aos poucos, incorpore a clara batida com uma espátula de silicone, em movimentos circulares de baixo para cima. Cubra com filme e reserve na geladeira até a hora de montar.

TRILHA SONORA
ESSE BOLO REFRESCANTE COMBINA MUITO COM O SOM BEM TROPICAL FEITO PELO ESPANHOL GECKO TURNER. O NOME DA MÚSICA É "CUANTA SUERTE".

Roubando no jogo

O pão-de-ló tem a massa sequinha, mas quem não costuma frequentar a cozinha pode acabar deixando o bolo ressecado além da conta. Nesse caso, vale roubar no jogo: Junte 2 colheres (chá) de fermento no fim da receita e também 6 colheres (sopa) de água. Depois que a massa estiver batida, junte a água, bata mais um pouco e adicione o fermento. Mexa só para misturar.

{ Pitada 86 }

MONTAGEM

1/2 xícara (chá) coco fresco ralado (opcional)

1. Corte o pão-de-ló ao meio, no sentido da largura. Forre um refratário de cerca de 20 x 30 cm com uma das metades. Regue metade da calda de abacaxi. Espalhe metade dos cubos e cubra com metade do creme. Coloque a segunda camada de pão-de-ló e repita o procedimento.

2. Por último, espalhe a cobertura. Leve à geladeira por no mínimo 2 horas. E, na hora de servir, polvilhe o coco fresco ralado por cima.

BISCOITOS DE GENGIBRE

RENDE 45 UNIDADES
TEMPO DE PREPARO: 30 MINUTOS + 2 HORAS PARA ESFRIAR A MASSA + 45 MINUTOS PARA ASSAR

A desvantagem de preparar esta massa nos trópicos é que, necessariamente, temos que ficar enganando a coitadinha — ela entra e sai da geladeira e do congelador inúmeras vezes. Mas o biscoito fica delicioso. Faça estrelas, meias-luas, círculos e, se tiver um desses carimbos de biscoito, essa é a hora de usar. A massa não perde a forma quando assa.

2 xícaras (chá) de farinha de trigo e mais um pouco para polvilhar
1 ½ colher (sopa) de gengibre em pó
1 colher (chá) de canela em pó
½ colher (chá) de noz-moscada em pó
¼ de colher (chá) de cravo em pó
¼ de colher (chá) de fermento em pó
¼ de colher (chá) de sal
100 g de manteiga amolecida
⅓ de xícara (chá) de açúcar mascavo
⅓ de xícara (chá) de melaço de cana
1 ovo

TRILHA SONORA
PARA ENCERRAR AS TRILHAS DO CAPÍTULO ENSOLARADO EM GRANDE ESTILO, ALÉM DE BISCOITINHOS CHEIOS DE SABOR, TEM A MÚSICA "O SEGUNDO SOL", DE NANDO REIS, NA VOZ CALOROSA DE CÁSSIA ELLER.

1. Numa tigela grande, misture a farinha de trigo, o gengibre em pó, a canela em pó, a noz-moscada em pó, o cravo em pó, o fermento e o sal. Reserve.

2. Na batedeira, bata a manteiga e o açúcar mascavo até que a mistura fique bem cremosa. Junte o melaço e o ovo e bata por mais 2 minutos. Diminua a velocidade e junte os ingredientes secos aos poucos (se a sua batedeira não aguentar massas desse tipo, que são um pouco mais firmes, você pode fazer à mão, com uma colher de pau ou um batedor de arame). Bata até que a massa fique lisa e uniforme.

3. Estique sobre a bancada um pedaço de filme de cerca de 30 cm de comprimento. Polvilhe com um pouco de farinha e transfira metade da massa de biscoito. Dobre o filme, formando um quadrado de massa, e leve à geladeira por 2 horas. Repita o processo com a outra parte da massa.

4. Preaqueça o forno a 180 °C (temperatura média). Espalhe um pouco de farinha num pedaço de papel-manteiga de cerca de 30 x 40 cm.

5. Com um rolo de macarrão, abra uma das metades da massa sobre o papel-manteiga preparado, até que ela fique com cerca de 3 mm.

6. Com um cortador no formato da sua preferência, corte os biscoitos, deixando uns 2 cm de espaço entre eles. Transfira o papel-manteiga para uma assadeira e, com cuidado, retire a massa ao redor dos biscoitos. Leve a assadeira ao forno

preaquecido para assar por 10 a 15 minutos, até que as bordas estejam douradas.

7. Reserve a massa restante, que será amassada novamente com as sobras da outra metade.

8. Retire os biscoitos do forno e transfira o papel-manteiga da assadeira para a bancada. Depois que firmarem um pouco, com uma espátula, transfira os biscoitos para uma grade. Quando esfriarem completamente, armazene em potes ou latas de biscoito, forradas com papel-manteiga. Se bem armazenados, em recipientes com fecho hermético, duram cinco dias.

9. Repita o processo com a outra metade massa.

10. Junte as sobras da massa, embrulhe em filme e leve ao congelador por 15 minutos, antes de usá-la novamente.

EM COMUNHÃO COM O SOL

No meio de tantas receitas saborosas, sejam práticas, sejam elaboradas, o capítulo amarelo é recheado, isso sim, de preparos de casa de mãe. Porque é preciso alguma dose de amor, outra de equilibrista e quórum suficiente à mesa para se dedicar a fazer a carne de panela, a focaccia, os bolos de laranja ou gelado de abacaxi, o pão de mel, a quiche da Laurinha, e limpar camarão por camarão. Não é regra, claro. Nada é regra. Um encontro de amigos é razão suficiente para ir à feira atrás de coco inteiro — e depois ralar, bater e espremer o leite dele. E fazer uma moqueca de camarão ou uma piña colada com leite de coco fresco é outra coisa. Aliás, ótima pedida para uma turma divertida num almoço ensolarado.

O amarelo é mesmo generoso: combina com a ideia de uma casa cheia, com crianças, mas também com o ato de receber. E aqui a gente viu receitas perfeitas para esses momentos de comunhão: a picanha no sal grosso, o carpaccio com vinagrete de manga, o abacaxi grelhado com licor de laranja, a ricota com minipera grelhada, a caipirinha de carambola com maracujá. Opa, como leva frutas, esse amarelo!

Se comecei o capítulo falando de uma lembrança maternal, matinal, termino com outra memória caseira, mas em diferente matiz: o amarelecido do Porto branco e tônica, drinque que o meu pai gosta de tomar ao anoitecer. Com ele, a gente encerra este capítulo brindando a um novo assunto: a intensidade. Lá vem o capítulo vermelho, olé!

CABEÇA NA LUA, PÉ NO CHÃO

Da cozinha afetiva, ensolarada, amarela, passamos para uma cozinha cheia de intensidade, talvez até com um pouco de insanidade. É hora de picar cebola e aproveitar as lágrimas para lavar a alma, soltar o choro, deixar as forças da natureza tomarem conta. Vamos dar voz à *mamma* italiana, "come se não eu te mato", ou à iídiche *mama*, "come se não eu me mato".

Melhor ainda: esse é o momento de dar aquela desligada do lado mãe — como se isso fosse possível — e soltar o cabelão. Vermelho é a cor da paixão, da sensualidade, de chamar a atenção para você mesmo. Flores na mesa, velas para iluminar a casa, música alta para transformar a cozinha em karaokê. Ou pista. Vamos deixar a carne louca, dar potência ao arroz com feijão, grelhar costeletas de cordeiro num jantar no meio da semana, passar o fim de semana à base de melão com presunto cru ou comendo bolo inglês e tomando Campari. Ou qualquer coisa de que se tenha vontade.

Indulge é a palavra em inglês que melhor definiria o clima deste capítulo. E olha que coisa maluca: não tem uma tradução boa o suficiente. Será que a gente não está acostumado a *se satisfazer, se mimar, ceder às próprias vontades*? É algo desse tipo que o dicionário sugere.

Tem gente que simplesmente não consegue se desligar dos outros tão fácil assim. Mais pé no chão, vai se identificar melhor com os tons terrosos, do laranja queimado. Então vamos aproveitar as próximas páginas para alimentar a vontade do outro: com o melhor hambúrguer que se pode fazer para as crianças, ou um bolo de chocolate com cobertura, para acabar com a gula de qualquer um. Ou ainda camarão com maionese feita em casa, que é para comer lambendo os beiços.

Ao virar esta página, cortinas de veludo bordô se abrem para uma cozinha que é um palco: vermelho, intenso, sensual, onde você atua meio com a cabeça na lua, meio com o pé no chão. É, minha gente, porque se vigiar, a água não ferve; se não vigiar, o leite derrama.

CARNE LOUCA DESFIADA
SERVE 6 PESSOAS
TEMPO DE PREPARO: 30 MINUTOS + 30 MINUTOS PARA A CARNE COZINHAR

Essa receita é cheia de personalidade e, ao mesmo tempo, toda generosa: serve um batalhão como aperitivo sobre torradas, feito um canapé, ou pode ser entradinha, se apresentada assim, em tigelas individuais. Quer mais? Vira refeição completa, servida com uma rica salada de folhas. E o melhor: fica ainda mais saborosa no dia seguinte.

PARA A CARNE

1,5 kg de músculo traseiro
1,5 litro de água
1 cenoura
1 cebola
1 talo de salsão com as folhas
2 folhas de louro
2 cravos-da-índia
1 canela em pau

1. Sob água corrente, lave bem o talo de salsão e a cenoura. Numa tábua, corte-os em 3 partes; divida a cebola ao meio, no sentido do comprimento e, em cada parte, coloque 1 folha de louro presa por 1 cravo-da-índia.

2. Na panela de pressão, coloque todos os ingredientes. Tampe e leve ao fogo alto. Quando começar a apitar, baixe o fogo para médio e deixe cozinhar por 30 minutos. Desligue.

3. Levante a válvula com a ajuda de um garfo. Quando o vapor terminar, abra a panela e retire a carne. Coe o caldo e guarde para outras preparações (como, por exemplo, o beef tea). Reserve apenas 2 colheres (sopa) do caldo para o molho e descarte os outros ingredientes.

4. Está com pressa? Bata a carne ainda quente na batedeira. Ela desfia feito mágica. Se preferir, com as mãos ou usando um garfo e uma faca, desfie todo o músculo cozido ainda morno, pois fica mais fácil. Transfira para uma tigela grande e reserve.

Use este caldo para fazer a sopa de ervilha com hortelã da p. 85.

a receita continua...

PARA O MOLHO

¼ de xícara (chá) de vinagre
⅔ de xícara (chá) de azeite
2 colheres (sopa) do caldo da carne
sal e pimenta-do-reino moída na hora a gosto

1. Numa tigela média, junte os ingredientes e misture bem com um batedor de arame ou garfo. Tempere com sal e pimenta-do-reino.

PARA A MONTAGEM

2 tomates grandes e maduros
1 cebola roxa
sal e pimenta-do-reino
folhas de coentro ou salsa a gosto

1. Numa tábua, corte os tomates em cubinhos, como na p. 237. Pique bem fino a cebola roxa.

2. Na tigela com a carne desfiada reservada, junte o molho, os tomates e a cebola roxa picada. Misture bem e tempere com mais sal e pimenta-do-reino se for necessário. Leve à geladeira. Na hora de servir, polvilhe com folhas frescas de coentro ou salsinha.

TRILHA SONORA
PARA ACOMPANHAR NOSSA CARNE LOUCA, UMA CANTORA QUE ERA CHEIA DE PERSONALIDADE, TEMPERO E INTENSIDADE NA MANEIRA DE VIVER E CANTAR. AMY WINEHOUSE COM UM DE SEUS MAIORES HITS, "REHAB".

Beef tea para dias frios

Chá de carne? A tradução fica esquisitíssima, mas esse caldinho, servido como aperitivo, além de delicioso é megarrevigorante. Aproveite o caldo da carne louca para prepará-lo: depois de passar pela peneira, leve ao fogo médio para cozinhar por 10 minutos e intensificar o sabor. Divida em xícaras e, se quiser, complete com vinho do Porto na proporção de 2 partes de caldo para 1 de vinho. Tempere com sal e pimenta-do-reino e sirva a seguir, bem quentinho. Uma loucura de tão bom.

{ Pitada 87 }

Americano ou Negroni?

Espécie de irmão mais velho do Negroni, o Americano é um pouco mais leve por levar água com gás na composição. Num copo, coloque:

1 dose de Campari
1 dose de vermute tinto
1 rodela de limão siciliano
gelo a gosto
água com gás ou Club Soda para completar

{ Pitada 88 }

Prefere o Negroni?

1 dose de gim
1 dose de Campari
1 dose de vermute tinto
1 rodela de laranja
gelo a gosto

{ Pitada 89 }

É só colocar tudo num copo baixo bacana. Sirva com amêndoas torradas: delícia total.

RISOTO DE BETERRABA COM FETA E ERVAS
SERVE 2 PESSOAS
TEMPO DE PREPARO: 30 MINUTOS + 30 MINUTOS PARA O CALDO

A situação é um jantar a dois... Na sua casa. Sem drama: além da cor intensa deste risoto, que cria um clima sedutor no ato, a receita foi pensada para duas pessoas. E o resultado é surpreendentemente leve — créditos para o queijo feta e as ervas. Quem quer comida pesada nessa hora decisiva?

PARA O CALDO

4 beterrabas
1 cebola roxa
1 cenoura
1 talo de salsão
1 folha de louro
2 cravos-da-índia
pimenta-do-reino a gosto
1 litro de água

1. Descasque as beterrabas, a cebola e a cenoura. Corte o salsão ao meio, a cenoura em 3 pedaços e a cebola em 4 partes. Numa tábua, corte a beterraba em cubos de aproximadamente 1 cm.

2. Numa panela, coloque a água, junte os legumes, o louro, os cravos e tempere com um pouco de pimenta-do-reino. Leve ao fogo alto. Assim que começar a ferver, abaixe o fogo, tampe a panela e deixe cozinhar por 30 minutos.

3. Passe o caldo pela peneira, volte à panela e reserve 2 colheres (sopa) da beterraba em cubinhos. O restante pode ser usado em outra preparação. Descarte a cebola, a cenoura e o salsão.

PARA O RISOTO

1 xícara (chá) de arroz para risoto
2 colheres (sopa) de azeite
½ cebola roxa
¼ de xícara (chá) de vinho tinto
1 colher (sopa) de manteiga
2 colheres (sopa) de queijo parmesão ralado
100 g de queijo feta
10 folhas de hortelã
1 ramo de endro
1 pitada generosa de açúcar
sal e pimenta-do-reino a gosto

1. Enquanto o caldo está no fogo, comece a preparar o risoto. Lave e seque bem as ervas e reserve numa tigelinha — elas serão usadas para temperar e decorar o risoto já pronto. Corte o queijo feta em cubos de cerca de 1 cm. Reserve também.

2. Descasque a cebola e pique bem fino.

3. Leve uma panela média ao fogo médio. Quando aquecer, regue com 1 colher (sopa) de azeite, junte a cebola e tempere com sal e 1 pitada generosa de açúcar. Abaixe o fogo e vá mexendo com uma colher, até a cebola murchar.

4. Aumente o fogo novamente, junte o arroz e mexa bem por 1 minuto. Tempere bem com sal e pimenta-do-reino. (Lembre-se de que o caldo não leva sal.)

5. Coloque o vinho e mexa vigorosamente até evaporar.

6. Adicione uma concha do caldo de beterraba e mexa bem até secar. Repita o processo até o risoto ficar no ponto: o grão deve estar cozido, mas ainda durinho no meio, al dente. Se ainda não estiver no ponto, adicione mais caldo. Na última adição de caldo, não deixe secar completamente, o risoto deve ficar úmido.

7. Adicione o parmesão e misture bem. Acrescente a manteiga e mexa até derreter. Verifique o sabor e, se precisar, corrija o sal e a pimenta-do-reino a gosto.

8. Divida o risoto nos pratos em que irá servir. No centro de cada um coloque uma colherada da beterraba em cubos reservada do caldo, a metade do queijo feta, as ervas e regue tudo com o azeite restante. Se quiser, tempere a saladinha do centro com mais sal e pimenta-do-reino. Sirva em seguida.

TRILHA SONORA
O CLIMA SEDUTOR DESSE JANTAR, COM RISOTO E VINHO, COMBINA COM A MÚSICA "P.D.A. WE JUST DON'T CARE", DE JOHN LEGEND.

BRUSCHETTA DE TOMATE
SERVE 4 PESSOAS
TEMPO DE PREPARO: PÁ-PUM

Tradicionalmente, a bruschetta é servida com a cobertura já na torrada. E vale juntar presunto cru com figo, figo com brie, brie com mel... Mas o clássico dos clássicos é a bruschetta al pomodoro. Olha que charme servir assim, com esse jeitão mais descontraído. Cada um pode servir o quanto quiser de tomate na torradinha. A única coisa que não pode mudar é o X com o alho no pão, assim que ele sai do forno. Não entendeu? Leia o passo a passo.

2 tomates grandes maduros
1 baguete
1 dente de alho
3 colheres (sopa) de azeite
sal e pimenta-do-reino moída na hora a gosto
20 folhas de manjericão

1. Preaqueça o forno a 180 °C (temperatura média). Corte os tomates em cubos.

2. Transfira os cubinhos para uma tigela, regue com o azeite, junte as folhas de manjericão e tempere com sal e pimenta-do-reino moída na hora. Transfira para uma tigela bonita e reserve.

3. Numa tábua, corte a baguete em fatias finas. Leve ao forno preaquecido até que comecem a dourar.

4. Retire as torradas do forno. Descasque o dente de alho e passe nas torradas fazendo um X.

5. Coloque a tigela com o tomate num prato, arranje as torradas ao redor e sirva em seguida.

TRILHA SONORA
UM CLÁSSICO ITALIANO COMO A BRUSCHETTA PEDE UM SOM CLÁSSICO COMO O DO FILHO DE ITALIANOS FRANK SINATRA. PARA DEIXAR UM POUQUINHO MAIS MODERNO, SELECIONAMOS "I'VE GOT YOU UNDER MY SKIN", CANTADA EM DUETO COM BONO VOX, DO U2.

Como cortar o tomate em cubinhos

Adoro essa pitada: deixa todas as preparações que levam tomate picado mais elegantes. E há também certo sabor na uniformidade do corte. Comece cortando o tomate na metade, no sentido da largura (considerando que a cabeça fica para cima e o bumbum para baixo). Tire as sementes com o dedo e aperte a metade contra a tábua, com a casca para baixo, até que ela fique plana. Corte cada metade em tiras, e as tiras, em cubos. Só dessa maneira dá para cortar os cubinhos por igual.

{ Pitada 90 }

SALADA DE FEIJÃO-FRADINHO E BACALHAU
SERVE 2 PESSOAS
TEMPO DE PREPARO: PÁ-PUM

Uma salada linda e intensa, com várias camadas de sabor, e o preparo é ao melhor estilo pitadas: uma posta de bacalhau, uma lata de feijão-fradinho, um maço de salsinha e, em pouquíssimo tempo, uma deliciosa refeição à mesa.

PARA O MOLHO

½ maço de salsinha
½ limão
½ xícara de azeite
sal e pimenta-do-reino a gosto

1. Lave e seque ½ maço de salsinha. Separe as folhas dos talos.

2. No liquidificador, bata todos os ingredientes. Transfira para uma molheira. Verifique o sabor e tempere com sal e pimenta-do-reino a gosto.

PARA A SALADA

1 lata de feijão-fradinho cozido
1 posta de bacalhau dessalgado congelado
1 xícara (chá) de tomate-cereja
sal e pimenta-do-reino a gosto

1. Numa panela pequena, coloque a posta de bacalhau, cubra com água e leve ao fogo alto até ferver. Deixe cozinhar por 10 minutos. Transfira para uma tigela e desfie com um garfo.

2. Numa tábua, corte os tomates-cerejas ao meio e junte ao bacalhau.

3. Numa peneira, escorra a água e misture o feijão-fradinho à tigela. Tempere com sal e pimenta-do-reino e sirva com o molho à parte.

TRILHA SONORA
ESSA MISTURA INTENSA E INUSITADA É A CARA DA RADIANTE INTERPRETAÇÃO DA CABO-VERDIANA MAYRA ANDRADE, ACOMPANHADA PELO TRIO MOCOTÓ, DA MÚSICA "BERIMBAU", UM DOS AFRO-SAMBAS DE BADEN POWELL E VINICIUS DE MORAES.

Veja outras opções de molho de salada nas pp. 206 a 210.

FEIJÃO CASEIRO
SERVE 4 PESSOAS
TEMPO DE PREPARO: 1 HORA + 12H DE MOLHO

Do feijão branco vamos para o caseiro, do dia a dia, que vem com a trilha sonora das cozinhas do Brasil: o apito da panela de pressão. E adivinha o que este feijão está fazendo no capítulo dos vermelhos? Bem, eu poderia dizer que ele é também o capítulo dos tons terrosos. Mas não é bem por isso. A ideia aqui é dar personalidade às receitas, dar uma nova camada de sabor. Então, empresto da minha avó Júlia o segredo dela para deixar o feijão especial. Adivinha a cor do ingrediente? Comece pegando na geladeira um pimentão vermelho.

1 xícara (chá) de feijão-carioquinha
4 xícaras (chá) de água
2 colheres (sopa) de azeite
¼ de pimentão vermelho, sem sementes
4 dentes de alho
2 folhas de louro
sal a gosto
salsinha fresca (opcional)

1. Deixe o feijão de molho em bastante água da noite para o dia. Se der, troque de água uma vez.

2. Coloque na panela de pressão o feijão escorrido e junte 4 xícaras (chá) de água. Tampada, a panela vai para o fogo médio. Quando começar a apitar, baixe o fogo e deixe cozinhar por 20 minutos. Desligue o fogo e, quando parar de apitar, abra, com cuidado, a panela de pressão.

3. Enquanto isso, pique fino os dentes de alho. Leve uma frigideira ao fogo baixo e regue com o azeite. Junte o alho picado e o pedaço de pimentão e refogue, sem deixar queimar o alho!

4. Passe o refogado para a panela com o feijão, junte as folhas de louro e tempere com sal. Volte ao fogo médio e deixe cozinhar, sem a tampa, por 10 a 20 minutos, mexendo de vez em quando, ou até engrossar. Se quiser, retire o pimentão antes de servir. Sirva com salsinha fresca picadinha.

TRILHA SONORA
PARA SONORIZAR ESSE FEIJÃO, ALGO BEM BRASILEIRO:
CLARA NUNES COM "CONTO DE AREIA".

CALDINHO DE FEIJÃO

SERVE 6 PESSOAS
TEMPO DE PREPARO: SE O FEIJÃO JÁ ESTIVER COZIDO É RAPIDINHO

Sim, a versão original é feita com feijão-preto. Mas quis aproveitar o feijão-carioquinha, que já estava cozido, para experimentar. E não é que também fica uma delícia? Prepare com o feijão que preferir. Porém não deixe de fazer esse caldinho.

2 xícaras (chá) de feijão-carioquinha cozido (apenas os grãos, sem o caldo)
2 xícaras (chá) do caldo (complete com água mineral, se precisar)
140 g de bacon em cubos
¼ de pimentão vermelho
½ cebola
2 dentes de alho
azeite a gosto
sal e pimenta-do-reino moída na hora a gosto
ervas frescas variadas (salsa, coentro, tomilho) a gosto

1. Numa tábua, pique fino o pimentão, a cebola e o alho.

2. Leve ao fogo médio uma panela e, quando aquecer, coloque o bacon em cubos e deixe dourar. Junte a cebola e o pimentão e misture bem, até murchar. Por último, misture o alho.

3. Junte à panela do refogado o feijão-carioquinha cozido e misture bem. Tempere com sal e pimenta-do-reino. Deixe cozinhar por 5 minutos.

4. No liquidificador, coloque o feijão refogado e bata com o caldo (e a água) até formar um caldo liso.

5. Volte o caldo de feijão à panela do refogado e, quando ferver, deixe cozinhar por 5 minutos ou até sair a espuma branca que se formou ao bater.

6. Desligue o fogo e prove o caldo. Se necessário, tempere com mais sal e pimenta-do-reino. Sirva em cumbuquinhas ou xícaras, regue com um fio de azeite e salpique com as ervas.

TRILHA SONORA
CALDINHO DE FEIJÃO TEM GOSTO DE BOTECO, E BOTECO COMBINA COM UM SAMBA MELODIOSO E RITMADO COMO "A BATUCADA DOS NOSSOS TANTÃS", DO GRUPO FUNDO DE QUINTAL.

Turbinado

Vamos deixar o caldinho mais intenso, mais perfumado? Podemos colocar paio no lugar do bacon. Também podemos colocar umas costelinhas de porco para cozinhar com o feijão. Tudo isso vale. Mas uma dose de cachaça também vai bem. Misture no caldinho e experimente.

{ Pitada 91 }

Fez o molho de pimenta da pg. 169? É hora de usar!

PASTA DE PIMENTÃO VERMELHO
SERVE 4 PESSOAS
TEMPO DE PREPARO: 30 MINUTOS + 15 MINUTOS PARA ABAFAR O PIMENTÃO

Menos famosa que as primas — homus, babaganuche e coalhada —, a muhammara, essa linda pasta de pimentão vermelho, é também um mezze típico, digamos assim, o antepasto da mesa árabe. Mas, em casa, também sirvo como molho para peixe e frango — logo mais você vai ver. Olha que cor! Deixa qualquer grelhadinho do dia a dia cheio de personalidade. Por isso, prefiro uma consistência menos firme; assim a pasta fica mais versátil. E o sabor é incrível. Uma espécie de sardela do mundo árabe. Sirva com torradinhas de pão sírio.

2 pimentões vermelhos
½ xícara (chá) de nozes
2 colheres (sopa) de farinha de rosca
½ cebola
1 dente de alho
1 colher (sopa) de mel ou de melaço de romã
½ colher (sopa) de caldo de limão
½ colher (chá) de cominho em pó
3 colheres (sopa) de azeite
sal e pimenta-do-reino moída na hora a gosto

1. Lave e seque os pimentões. Com um garfo de churrasco, espete um pimentão. Acenda a chama média de uma das bocas do fogão e aproxime o pimentão do fogo. À medida que a casca for queimando, vá girando para queimar por igual (isso faz com que o legume fique com um sabor defumado delicioso). Repita o procedimento com o outro pimentão.

2. Transfira os pimentões queimados para uma tigela média e cubra com filme por 15 minutos, para abafar e facilitar a retirada da casca.

3. Leve uma frigideira grande ao fogo médio, adicione as nozes e toste, mexendo sempre, por 5 minutos. Retire do fogo, transfira para um prato e deixe esfriar.

4. Numa tábua, corte a cebola em cubos pequenos. Pique fino o alho.

5. Leve uma frigideira ao fogo médio e, quando aquecer, junte 1 colher (sopa) de azeite e a cebola picada. Refogue até ficar transparente. Junte o alho e mexa por mais 1 minuto. Desligue o fogo e reserve.

6. Descasque os pimentões, raspando a pele com uma colher. No final, passe um pedaço de papel-toalha delicadamente nos legumes para retirar as sobras de pele queimada. (Use uma luva cirúrgica para não ficar com a mão tingida! Aliás, tenha sempre à mão essas luvas na cozinha.)

7. Numa tábua, corte as pontas dos pimentões. Corte a polpa em metades e retire as sementes.

8. Num liquidificador coloque: as metades de pimentão, as nozes, o alho e a cebola refogados, a farinha de rosca, o mel ou melaço de romã, o caldo de limão, o cominho e o restante do azeite. Tempere com sal e pimenta-do-reino e bata até formar uma pasta. Transfira para uma tigela bonita e sirva com torradinhas de pão árabe.

TRILHA SONORA
UMA PASTA QUE DÁ UM TOQUE SABOROSO E ESPECIAL A QUALQUER PRATO VEM ACOMPANHADA DA CANTORA BRASILEIRA QUE ERA CONHECIDA COMO PIMENTINHA. DA SAUDOSA (E CHEIA DE PERSONALIDADE) ELIS REGINA, A DELICIOSA "VOU DEITAR E ROLAR".

BACALHAU DO MAR VERMELHO
SERVE 4 PESSOAS
TEMPO DE PREPARO: MENOS DE 2 HORAS

Apesar do nome, este não é um prato clássico da culinária árabe. Pelo contrário — já até peço desculpas aos descendentes da maior colônia libanesa do mundo, caso eu esteja cometendo a maior gafe: será que mezze não pode virar molho? Ah, mas a nossa pastinha de pimentão fica tão gostosa (e linda!) servida sobre uma posta de peixe... E ele fica mesmo parecendo um bacalhau do mar Vermelho.

TRILHA SONORA
O MAR VERMELHO, ALÉM DE LEMBRAR O LÍBANO, REMETE TAMBÉM A ISRAEL, E DE LÁ VEM A CANTORA YAEL NAIM, QUE NASCEU EM PARIS, MAS CRESCEU EM ISRAEL E FOI ATÉ SOLISTA DA ORQUESTRA DA FORÇA AÉREA ISRAELENSE. A PEDIDA É O SUCESSO "NEW SOUL".

4 postas de bacalhau congelados e dessalgados
1 litro de leite
2/3 de xícara (chá) de azeite
2 tomates
2 cebolas roxas grandes
1 pimentão vermelho pequeno
½ repolho roxo
2 pimentas dedo-de-moça
½ colher (chá) de canela em pó
4 canelas em rama (opcional)
½ xícara (chá) de pasta de pimentão vermelho da pág. 244

1. Na véspera, transfira as postas de bacalhau do congelador para a geladeira. É sempre melhor descongelar no dia anterior.

2. Lave as postas de bacalhau em água corrente.

3. Preaqueça o forno a 200 °C (temperatura média-alta).

4. Numa panela grande, junte o leite e as postas de bacalhau. Leve ao fogo médio e, quando ferver, abaixe o fogo e deixe cozinhar por 10 minutos. Com uma escumadeira, retire as postas de bacalhau e transfira para uma assadeira grande (reserve o leite para outra preparação, como molho bechamel ou para fazer arroz).

5. Com uma faquinha, retire a pele de cada posta e descarte. Transfira as postas para uma assadeira antiaderente grande.

6. Lave e seque todos os legumes e prepare cada um deles da seguinte forma: corte os tomates em 4 partes no sentido do comprimento e retire as sementes com as pontas dos dedos; descasque e corte as cebolas em 4 gomos; corte o pimentão em metades (no sentido do comprimento), retire as sementes e o miolo e corte cada metade em 2 tiras, e as tiras, em 4 triângulos; corte o repolho em metades, no sentido do comprimento, e cada metade, em 3 gomos. Corte as pimentas ao meio, no sentido do comprimento, e com a ponta de uma faca retire as sementes. Lave as mãos, a tábua e a faca imediatamente (pimenta pode causar queimaduras).

7. Disponha os legumes na assadeira com bacalhau, deixando espaço entre cada ingrediente. Regue tudo com o azeite e tempere com sal, pimenta-do-reino a gosto e a canela em pó.

8. Leve ao forno preaquecido para assar por 40 minutos. Passe o peixe com os legumes para um prato bonito, coloque 2 colheres (sopa) do molho de pimentão sobre cada posta. Se quiser, decore com a canela em rama e sirva em seguida.

Legumes vermelhos para um cordeiro

Asse os legumes sem o bacalhau e sirva de acompanhamento para outras preparações. Com paleta de cordeiro fica incrível. Não sabe fazer? Bem, é tão fácil que não precisa de receita. Escolha uma peça de paleta com o osso. Numa assadeira, coloque uns 5 ramos de alecrim e coloque a peça por cima. Espalhe 1 colher (sopa) de azeite e tempere bem com sal e pimenta-do-reino. Feche a assadeira com papel-alumínio e leve ao forno preaquecido a 160 ºC (temperatura baixa) por 4 horas. Sim, leva mesmo 4 horas. Mas fica incrível.

{ Pitada 92 }

Sabe a quiche da p. 212? Fica ótima com esses legumes.

Quer um molho?

Refogue 1 cebola grande bem picadinha em 4 colheres (sopa) de azeite por 3 minutos, mexendo sempre para não queimar.

Junte 1 dente de alho picado e 1 ramo de alecrim e deixe cozinhar por mais 3 minutos, mexendo sempre.

Regue com ¼ de xícara (chá) de vinagre balsâmico e, quando formar um xarope (é bem rápido), junte 2 xícaras (chá) de vinho tinto. Deixe cozinhar até que ⅔ do líquido tenham evaporado — o que sobra na panela é equivalente a ⅓ de xícara, sacou?

Junte 2 xícaras (chá) de caldo (pode ser o da p. 177 de legumes ou de carne, desde que seja caseiro) e deixe reduzir pela metade.

Retire o ramo de alecrim e tempere com sal e pimenta-do-reino moída na hora. Prove e corrija o tempero. Misture 1 colher (sopa) de manteiga e mexa vigorosamente. Se sobrar um caldinho do cordeiro na assadeira, pode juntar com o molho. Sirva com os legumes vermelhos assados.

{ Pitada 93 }

SAGU DE VINHO

SERVE 6 PESSOAS
TEMPO DE PREPARO: 1 HORA PARA HIDRATAR
+ 30 MINUTOS PARA COZINHAR + 30 MINUTOS PARA ESFRIAR

Para muita gente, sagu é sobremesa de infância. Mas ela é ideal para fechar um jantar cheio de sabores intensos. A cor tem presença, o sabor do vinho é marcante (apesar de o álcool evaporar todo no cozimento), mas por ser bem geladinho, e com uma textura gelatinosa, é surpreendentemente refrescante.

½ xícara (chá) de sagu
2 xícaras (chá) de vinho tinto
1 canela em rama
2 cravos-da-índia
½ xícara (chá) de açúcar

1. Numa tigela, coloque o sagu, cubra com água filtrada e deixe descansar por 1 hora.

2. Faltando 15 minutos para completar o tempo, coloque numa panela 1 ½ xícara (chá) de água, o vinho, a canela, o cravo e o açúcar. Misture bem, até o açúcar dissolver.

3. Leve ao fogo alto e, quando ferver, junte o sagu. Baixe o fogo e deixe cozinhar por 30 minutos ou até que as bolinhas estejam macias e quase transparentes. Mexa de vez em quando para o sagu não grudar no fundo da panela. Se começar a secar, junte mais um pouco de água fervendo. Desligue o fogo e deixe esfriar por 30 minutos em temperatura ambiente.

4. Transfira o sagu pronto para a tigela de servir. Assim que esfriar, cubra com filme e leve à geladeira por 30 minutos. Sirva gelado.

TRILHA SONORA
EMBORA TENHA CANÇÕES MUNDIALMENTE FAMOSAS, GRAVADAS POR GRANDES JAZZISTAS, A BOSSA NOVA É TAMBÉM FEITA DE MÚSICA INFANTIL. NUNCA PENSOU NISSO? EXPERIMENTE CANTAR "O PATO", AQUELA DO REPERTÓRIO DO JOÃO GILBERTO, PARA UMA CRIANÇA... E EXPERIMENTE TAMBÉM COMO ACOMPANHAMENTO DESTE SAGU.

Com o creme inglês, o sagu vira sobremesa de gente grande. Receita na p. 37.

BOLO INGLÊS COM CASTANHA-DO-BRASIL
RENDE 2 BOLOS
TEMPO DE PREPARO: 20 MINUTOS + 45 MINUTOS PARA ASSAR

A gente acaba se lembrando deste bolo em dezembro — e ele é mesmo uma ótima lembrança de Natal, para fazer em casa e presentear pessoas queridas. Mas um bolinho desses em julho, com uma xícara de chá, é imbatível. E para lembrar o bolo de que ele está sendo feito nos trópicos, vamos trocar amêndoas por castanhas-do-Brasil? Também vale castanhas-de-caju. As bananas-passas são uma ótima adição.

1 xícara (chá) de farinha de trigo
1 xícara (chá) de farinha de trigo integral
½ colher (chá) de bicarbonato de sódio
1 colher (chá) de fermento em pó
⅛ de colher (chá) de cravo-da-índia em pó
⅛ de colher (chá) de noz-moscada em pó
200 g de manteiga em temperatura ambiente
1 xícara (chá) de açúcar mascavo
3 ovos
¼ de xícara (chá) de mel
¼ de xícara (chá) de café forte (ou expresso)
3 colheres (sopa) de vinho do Porto
½ xícara (chá) de bananas-passas picadas
1 xícara (chá) de castanhas-do-Brasil picadas
⅓ de xícara (chá) de uvas-passas

1. Preaqueça o forno a 180 °C (temperatura média). Unte com manteiga e polvilhe com farinha duas fôrmas de bolo inglês de cerca de 10 x 20 cm. Forre o fundo com papel-manteiga.

2. Numa tigela, coloque os ingredientes secos passando por uma peneira: farinhas, bicarbonato, fermento e especiarias.

3. Na batedeira, bata a manteiga com o açúcar por 3 minutos. Pare de bater e, com uma espátula de silicone, raspe o fundo da tigela e misture bem.

4. Ligue novamente a batedeira, em velocidade baixa, e acrescente à manteiga os ovos, um a um, batendo bem entre cada adição. Junte o mel e bata até misturar por completo.

5. Aos poucos, acrescente os ingredientes secos peneirados, alternando com o café e o vinho. Continue batendo até que a mistura fique homogênea.

6. Desligue a batedeira e com a espátula misture as castanhas e as passas. Distribua a massa nas duas fôrmas e leve ao forno preaquecido para assar por 45 minutos. Retire do forno e deixe esfriar uns 15 minutos, antes de desenformar.

TRILHA SONORA
O BOLO INGLÊS COM O TOQUE BRASILEIRO TEM TUDO A VER COM O SOM DE UM BRITÂNICO QUE ADORA O BRASIL: STING COM "FIELDS OF GOLD".

GELEIA DE DAMASCO COM LARANJA

RENDE 1 POTE DE 400 ML
TEMPO DE PREPARO: 30 MINUTOS PARA HIDRATAR + 30 MINUTOS PARA COZINHAR

1 xícara (chá) de damasco seco picado (cerca de 200 g)
1 xícara (chá) de água
3 colheres (sopa) de açúcar cristal
½ xícara (chá) de caldo de laranja
1 colher (sopa) de caldo de limão
1 rama de canela
1 colher (chá) de água de flor de laranjeira (opcional)

1. Numa tábua, pique e meça o damasco. Coloque numa panela, regue com a água e leve ao fogo alto. Quando ferver, desligue e deixe hidratar por meia hora.

2. Junte à panela o açúcar cristal, o caldo de laranja, o caldo de limão e a canela e leve ao fogo médio. Quando começar a ferver, baixe o fogo, tampe e deixe cozinhar por 30 minutos, mexendo de vez em quando (lembre-se de tampar a panela todas as vezes).

3. Desligue o fogo, misture a água de flor de laranjeira e transfira para um pote esterilizado, com fechamento hermético. Só tampe quando esfriar. Conserve na geladeira.

TRILHA SONORA
DUAS FRUTAS ESPECIAIS NA MESMA RECEITA, UM DUETO ESPECIAL NA TRILHA SONORA. E COMO SE TRATA DE GELEIA, A SELEÇÃO É ALGO BEM DOCE E SENSUAL. SERGE GAINSBOURG E BRIGITTE BARDOT COM "BONNIE AND CLYDE".

Tempero a jato

Geleia de damasco no café da manhã é uma delícia. Para rechear um bolinho também. Mas a graça das geleias amarelas é que são também um curingão culinário. Elas temperam a jato carnes brancas. Lambuze com essa geleia a coxinha de frango, antes de levar ao forno. Costela de porco? Idem. Até o peito de frango fica mais interessante com uma colherada de geleia, antes de ir para a frigideira.

{ Pitada 94 }

Dá uma olhada na tagine de frango da p. 268. Leva geléia de damasco.

MOLHO RÚSTICO DE TOMATE

SERVE 8 PESSOAS
TEMPO DE PREPARO: 15 MINUTOS + 1H30 PARA COZINHAR

As preparações cotidianas costumam ser as que geram mas dúvidas. E há uma lógica por trás disso: são receitas feitas por mais pessoas e mais vezes — é claro que vão surgir mais questões! Elas são, também, as receitas com mais possibilidades. Você pode usar tomate fresco ou enlatado. Isto é, desde que o fresco esteja bem maduro. A vantagem do tomate da lata é que já vem pelado – um trabalho a menos. Bom, eu não gosto de pele de tomate no molho.

A preparação pode ser de longo ou longuíssimo cozimento, para produzir um molho bem encorpado, mais tradicional. Mas há também aquela versão ligeira, uma mistura de tomate picado e tomate-cereja em metades, todos passados rapidamente pela frigideira com azeite e alho. Uma delícia para servir com um macarrão jogo rápido. Porém a receita a seguir é da linha mais tradicional: fica 1h30 na panela. E depois você pode congelar em porções, caso não vá usar tudo de uma vez.

2 latas de tomate pelado (800 ml)
15 folhas de manjericão
1 ramo de orégano fresco
1 ramo de alecrim fresco
1 folha de louro
1 talo de salsão sem folha
1 cebola
6 dentes de alho
6 colheres (sopa) de azeite
6 xícaras de água filtrada
sal e pimenta-do-reino moída na hora a gosto

1. Lave e seque as ervas e o salsão. Descasque e pique fino a cebola, os dentes de alho e o salsão — se preferir, passe no ralador ou processador.

2. Leve ao fogo baixo uma panela média com o azeite e junte o orégano, o alecrim, o louro e 10 folhas de manjericão (as ervas devem estar bem secas, caso contrário o azeite vai espirrar). Controle a temperatura, mantendo o fogo bem baixo para não queimar as folhas. Depois de 5 minutos, junte a cebola e mexa até ficar transparente.

3. Enquanto isso, leve ao fogo médio uma panela com a água. Quando ferver, desligue.

4. Aumente o fogo da panela com o azeite para médio e refogue o salsão por 3 minutos. Junte o alho e misture por 1 minuto. Por último, adicione os tomates (e o líquido da lata) e pressione com uma espátula contra o fundo da panela até partir em pedaços. Tempere com sal e pimenta-do-reino moída na hora a gosto.

5. Quando o tomate começar a ferver, baixe o fogo novamente e junte 2 xícaras (chá) da água aquecida. Misture bem e deixe cozinhar por 1h30, com a panela tampada, mexendo de vez em quando. O fogo deve estar o mais baixo possível; caso contrário, o molho vai grudar no fundo da panela. À medida que for secando, vá adicionando água quente. No total você vai usar as 6 xícaras.

6. Verifique os temperos e, se necessário, tempere com mais sal e pimenta-do-reino. Por último, junte as folhas de manjericão restantes, rasgando com as mãos.

TRILHA SONORA
ESSE MOLHO DE TOMATE VEM COM UM TANGO, MAS NÃO PORQUE É ARGENTINO, E SIM PORQUE A MÚSICA LEMBRA UMA FAMOSA CENA DO FILME *PERFUME DE MULHER*, QUE TEM TUDO A VER COM O AROMA DO NOSSO MOLHO. CURTA "POR UNA CABEZA" COM TANGO PROJECT.

Engrosse o caldo

Até pelo nome francês, à primeira vista o *roux* (pronuncia-se ru) pode parecer uma frescura. Mas ele é essencial na cozinha ocidental. Digo isso porque na oriental o espessante mais comum é o amido de milho — que, por sua vez, não combina com cozinha clássica, especialmente a francesa. E é dela que vem boa parte dos caldos e molhos. Bechamel, ou molho branco, sem uma colherada de *roux*, simplesmente não existe. E com amido de milho vira um mingau salgado. Não dá.

A preparação é muito simples. Derreta na panela uma porção de manteiga, digamos ¼ de xícara (chá) e junte ¼ de xícara (chá) de farinha de trigo. Mexa sem parar em fogo baixo por uns 3 minutos, até a farinha cozinhar. É para uso imediato ou pode ficar na geladeira, até a hora que você precisar engrossar um pouquinho o molho da carne, por exemplo. Dura semanas na geladeira.

{ Pitada 95 }

> **Sem grumos**
> Deu chabu, o molho empelotou? Bata no liquidificador, até ficar liso, e volte à panela para aquecer ou terminar o cozimento. Viu que fácil?
>
> { Pitada 96 }

MOLHO BRANCO OU BECHAMEL
RENDE 800 ML
TEMPO DE PREPARO: PÁ-PUM

Seja para massas, panquecas ou mesmo uma boa lasanha à bolonhesa, o molho branco tem que ser feito com leite e roux para ficar gostoso. Se você nunca provou o molho feito dessa maneira, e jura que não gosta, talvez valha a pena experimentar. Outro ponto importante: capriche na noz-moscada — ela é o segredo para deixar o bechamel com um sabor mais refinado.

1 litro de leite gelado
3 colheres (sopa) de farinha de trigo
3 colheres (sopa) de manteiga
1 pitada generosa de noz-moscada
sal e pimenta-do-reino moída na hora a gosto

1. Numa panela grande, derreta a manteiga. Junte a farinha e mexa vigorosamente com a colher de pau por cerca de 2 minutos.
2. Coloque o leite gelado de uma vez e, com um batedor de arame, misture bem, até levantar fervura.
3. Baixe o fogo e deixe cozinhar por cerca de 10 minutos, mexendo de vez em... sempre! No fim, tempere generosamente com noz-moscada, sal e pimenta-do-reino moída na hora.

TRILHA SONORA
O SOM QUE CASA COM O MOLHO BRANCO É DO ARTISTA QUE COMBINA COM QUALQUER ESTILO, ÉPOCA, TURMA... POR ISSO ATÉ ELE É CHAMADO DE CAMALEÃO: DAVID BOWIE, COM "GOLDEN YEARS".

Hamburguer sem batata frita pode?
Deve! Veja a abóbora assada
da p. 30 (sem o macarrão).

O HAMBÚRGUER PERFEITO

Por motivos de força maior (ou amor materno), nos últimos anos fiquei obcecada por hambúrguer. Menos por comer, mais por fazer — adivinha se não é a comida favorita do meu filho? Parênteses: por sorte, ele não considera o do McDonald's hambúrguer. Ufa, fui salva pelo gongo! Hambúrguer feito em casa, caras mães, é uma opção muito saudável para o dia a dia. Especialmente se for sem pão, servido com salada e, óbvio, sem batata frita. (Digo óbvio, mas talvez não seja tão óbvio assim. É que na minha casa não rola fazer fritura, e não só por motivos de saúde — a gente come batata frita fora de casa. Mas com a cozinha na sala, não há a menor chance de eu fritar alguma coisa.) A questão aqui, porém, não é o acompanhamento, mas a carne. À medida que fui aprendendo sobre o preparo do hambúrguer, testando jeitos, lendo sobre o assunto, fui me apaixonando pela preparação. Então, vamos direto ao ponto, pois eu quero muito que você experimente fazer hambúrguer desta maneira. Vou listar em pitadas o conceito que está por trás de cada passo da preparação. É que, quando a gente entende o motivo, fica mais fácil de aprender a regra.

Carne e ponto

Colocar ovo e farinha de rosca é desnecessário com a carne certa. Essa "liga" só faz sentido se a carne for muito magra. Mas se ela for magérrima, não serve para fazer um hambúrguer perfeito.

{ Pitada 97 }

Gordinha e gostosa

A proporção ideal é de cerca de 20% de gordura. Tem gente que defende 30%. Não é o meu caso. Então, no dia de fazer hambúrguer, compro fraldinha, peço ao açougueiro que corte a gordura para calcularmos os pesos separadamente. Aí, sim, ele mói a carne com 20% de gordura.

{ Pitada 98 }

Moída no dia

Você sabe que eu não sou uma pessoa cheia de frescura. Tenho dois filhos, duas enteadas, trabalho fora (mesmo que muitas vezes sem precisar sair da cozinha!). Como você, também não tenho tempo a perder. Isso tudo para dizer o seguinte: faz diferença usar carne fresca, sem ter passado pelo congelador, e moída no dia — tem gente que sequer admite que a carne não seja moída em casa. Aí é demais para mim. Então, no dia de fazer o hambúrguer, passo no mercado, compro a peça e peço ao açougueiro para moer a carne. Já está mais do que bom.

{ Pitada 99 }

O sal

Esta foi uma descoberta mais ou menos recente: a carne não pode ser temperada antes de fazer o bolinho. Não pode e ponto. O sal é usado somente na hora em que o hambúrguer vai para a frigideira porque, antes disso, ele provoca uma reação que faz a carne ficar massuda, um blocão. E a graça do hambúrguer é, justamente, a de ser tenro e suculento. Claro que a comparação é falha, mas nem filé-mignon é tão macio quanto um hambúrguer. Por isso, na hora de grelhar o hambúrguer, seja generosa no sal: lembre-se de que ele ainda não foi temperado! O ideal é usar um sal mais grossinho, como flor de sal ou sal grosso moído.

{ Pitada 100 }

Gota d'água

Não me pergunte por quê. Li num artigo do Jeffrey Steingarten que misturar uma colherinha de água na carne deixa o hambúrguer mais crocante por fora e leve por dentro. Testei e faz diferença.

{ Pitada 101 }

Sem pressão

Na hora de fazer os bolinhos, evite comprimir a carne; quanto mais "arejada", melhor. Na hora de grelhar, nem pense em apertar o hambúrguer contra a frigideira!

{ Pitada 102 }

Forma e conteúdo

Não basta cuidar apenas da qualidade da carne; o formato tem que ser perfeito. Faz diferença ter as laterais retinhas, como se fosse uma parede; o hambúrguer cozinha por igual, não fica queimado nas beiradas e frio no centro. (Na receita a seguir tem o passo a passo explicadinho.)

{ Pitada 103 }

O ponto

Tem que ser malpassado, no máximo ao ponto. Sei que gosto não se discute, mas hambúrguer bem passado é muito ruim, perde toda a graça de poder ser uma carne macia e suculenta. Melhor fazer quibe.

{ Pitada 104 }

Pelando

Seja malpassado ou ao ponto, a frigideira, de preferência antiaderente, tem que estar soltando fumaça de quente. Só assim dá para selar a carne (para que os líquidos fiquem dentro dela). O hambúrguer fica tostadinho por fora, rosado por dentro. Perfeito. Um outro ponto importante: a frigideira precisa de uma tampa para que o hambúrguer cozinhe perfeitamente.

{ Pitada 105 }

CHEESEBURGER
SERVE 4 PESSOAS
TEMPO DE PREPARO: 20 MINUTOS

Há outros truques e segredinhos, todos descritos na receita. Um último detalhe, porém, antes de irmos para a cozinha: o tamanho perfeito é de 180 gramas. Por isso, se você não tem uma balança, peça ao açougueiro para já embalar a medida exata num saquinho. Por exemplo, se vai fazer quatro hambúrgueres, compre 720 gramas de fraldinha moída e, em casa, separe em quatro partes iguais. Assim, mesmo quem não tem uma balancinha pode fazer um hambúrguer perfeito, de 180 gramas!

720 g de fraldinha moída com gordura
2 colheres (sopa) de água
2 colheres (sopa) de azeite
4 fatias de queijo prato ou o queijo da sua preferência
4 pães de hambúrguer
sal a gosto
pimenta-do-reino moída na hora a gosto (opcional)

1. Corte os pães ao meio, transfira para 4 pratos e reserve. Se preferir, leve ao forno baixinho para aquecer.

2. Em uma tigela, coloque a carne, a água, o azeite e misture rapidamente com as mãos. Divida em 4 bolas (180 g cada) e achate, formando o hambúrguer. Coloque sobre uma superfície plana e vá acertando as laterais (empurrando para dentro). A ideia é formar uma paredinha reta para o hambúrguer ficar alto. Lembre-se de que ele encolhe ao cozinhar, por isso, deve ficar um pouco maior que o diâmetro do pão.

3. Com o polegar, faça uma marca bem no meio da carne — quando ela cozinha, dá uma inflada e, sem a marca, o hambúrguer fica abaulado. Se não for cozinhar na hora, leve para a geladeira: a carne deve estar bem fria.

4. Espalhe um pouco de azeite numa frigideira grande e antiaderente, que tenha tampa. Leve ao fogo alto. (Caso não tenha uma grande, use duas frigideiras ou faça em etapas, retirando os dois primeiros hambúrgueres 2 minutos antes do tempo e transferindo para o forno, sobre o pão. Assim eles terminam de cozinhar enquanto você prepara os outros dois.)

5. Tempere generosamente com sal um lado dos hambúrgueres. Vire e tempere o outro lado. Se quiser, tempere com pimenta-do-reino moída na hora.

6. Quando a frigideira estiver pelando, transfira a carne e tampe. Deixe dourar por 1 minuto e vire. Para um hambúrguer malpassado, deixe no total 4 minutos, virando de minuto em minuto. Para o hambúrguer ao ponto são

6 minutos no total. No último minuto, coloque o queijo prato e regue com uma colherinha de água no meio da frigideira para deixar o queijo puxa-puxa. Tampe novamente.

7. Com uma espátula, coloque os hambúrgueres nos pães e sirva a seguir. Deixe a carne descansar por um minutinho antes de comer — ela fica mais saborosa, pois os líquidos internos se acomodam.

TRILHA SONORA
A TRILHA DO CHEESEBURGER NÃO PODERIA SER ALGO TÃO NORTE-AMERICANO: CREEDENCE CLEARWATER REVIVAL, "PROUD MARY".

TAGINE DE FRANGO COM DAMASCO

SERVE 4 PESSOAS
TEMPO DE PREPARO: 15 MINUTOS + 1 HORA PARA ASSAR

A gente sempre se refere ao frango como franguinho, já reparou? Mas esse não é nem um pouco o caso desta tagine, prato típico do Marrocos, cheio de especiarias e damascos de bônus. Resultado: uma refeição que vale muitos camelos.

10 coxas de frango com pele
2/3 de xícara (chá) de geleia de damasco
3 cebolas pequenas
1 colher (chá) de páprica doce
1 colher (chá) de gengibre em pó
12 damascos secos
1 xícara (chá) de água
½ xícara (chá) de vinho branco
1 colher (sopa) de azeite
sal e pimenta-do-reino moída na hora

1. Preaqueça o forno a 250 ºC (temperatura alta).
2. Numa tigela, misture a geleia com a páprica e o gengibre e tempere com um pouco de sal.
3. Lave, seque e retire o excesso de gordura e de pele das coxas de frango. Num refratário, disponha as coxas de frango e espalhe a geleia inclusive embaixo da pele.
4. Numa tábua, descasque e corte as cebolas em 4 partes. Disponha entre as coxas de frango e regue cada pedaço de cebola com um pouquinho de azeite.
5. No refratário, junte os damascos, regue com a água e o vinho e tempere com sal e pimenta-do-reino. Leve ao forno para assar por 20 minutos. Após esse tempo, baixe a temperatura para 180 ºC (temperatura média) e deixe assar por mais 40 minutos, até que as coxas estejam bem douradas e cozidas.

TRILHA SONORA
PARA QUEM GOSTA DE CINEMA, MARROCOS REMETE AO FILME *CASABLANCA* E À CLÁSSICA CENA EM QUE O PIANISTA SAM TOCA "AS TIME GOES BY". A TRILHA SONORA DESSE PRATO É ESSA MESMA MÚSICA, MAS NA VERSÃO DE BRYAN FERRY.

Dá para fazer um jantar temático com o cuscuz com legumes da p. 43.

Quer um brigadeiro mais intenso?
Troque o chocolate por cacau em pó.

BRIGADEIRO DE MICRO-ONDAS
SERVE (DEPENDE, PODE SER SÓ PRA VOCÊ)
TEMPO DE PREPARO: 10 MINUTOS (OU ATÉ MENOS)

É justamente no mais brasileiro dos doces que o termo em inglês indulge *encontra a sua melhor definição. Um brigadeiro com todo o (bom) chocolate a que você tem direito e com todo o mínimo esforço que você merece: coloque o micro-ondas para trabalhar e apenas espere, com uma colher na mão.*

1 lata de leite condensado
2 colheres (sopa) de chocolate em pó
1 colher (sopa) de leite
1 colher (sopa) de manteiga

1. Numa tigelinha, misture o chocolate com o leite, até formar uma pasta lisa.

2. Num recipiente refratário bem grande (pode ser uma tigela de vidro ou de porcelana), coloque o leite condensado, a manteiga e a misturinha de chocolate. Mexa bem com uma colher. Atenção: é muito importante que o refratário seja grande e alto, pois a massa aumenta até cinco vezes em volume enquanto cozinha. Se a tigela for pequena, o conteúdo pode derramar — e você pode se queimar ao retirá-la.

3. Leve o recipiente ao micro-ondas e deixe cozinhar por 2 minutos em potência alta. Retire, com cuidado para não se queimar, e misture vigorosamente.

4. A partir desse ponto, você vai levar o brigadeiro para cozinhar no micro-ondas três vezes por 1 minuto cada. Entre cada rodada, retire a tigela e misture bem. (No total, serão 5 minutos, contando os 2 minutos iniciais de cozimento.)

5. Depois desses 5 minutos, a massa ficará com uma aparência talhada; é assim mesmo. Mexa vigorosamente com a colher ou com um batedor de arame, e então ela vai ficar lisinha. Esse é o segredo para deixar o brigadeiro de micro-ondas bem cremoso.

6. Volte a tigela ao micro-ondas em sessões de 30 segundos, mexendo entre cada rodada, até ficar com a consistência desejada (lembre-se de que quando esfria, a massa endurece). Geralmente, mais duas rodadas são suficientes — as potências dos micro-ondas variam muito, por isso é melhor ir aos poucos até você descobrir qual é o tempo ideal no seu aparelho.

TRILHA SONORA
BRIGADEIRO É DAQUELES DOCINHOS QUE PROPORCIONAM UMA FELICIDADE MEIO BOBA. POR ISSO, A SUGESTÃO MUSICAL É COLOCAR O BRIGADEIRO NA BOCA E SAIR DANÇANDO AO SOM DE "BOSSA NOVA BABY" DO REPERTÓRIO DE ELVIS PRESLEY, QUE DE BOSSA NOVA NÃO TEM NADA, MAS É DE UMA ALEGRIA...

DOCE DE ABÓBORA

SERVE 6 PESSOAS
TEMPO DE PREPARO: 2 HORAS PARA FORMAR A CALDA + 20 MINUTOS PARA COZINHAR

Quando vejo doce de abóbora penso na minha avó Rita. Além do nome, acho que herdei dela muitas coisas. Outro dia, peguei na mão um guardanapo de linho rosa e fiquei com um nó na garganta. Segurei as lágrimas. Sim, era de um jogo da vovó Rita. Como é que um pedaço de pano pode fazer a gente sentir tanta saudade de uma pessoa?

Na hora de fazer essa foto não pensei nisso. O guardanapo de linho azul não tem nenhuma história e a receita do doce de abóbora dela era bem mais complexa do que esta: para começar, ficava de molho na água com cal, para formar aqueles cubos crocantes por fora e cremosos por dentro. Mas vamos começar com uma versão mais simples, sem chance de dar errado, pois a cal faz o doce virar pedra com o mínimo descuido. Aos poucos a gente chega lá. Para dar aquela perfumada no doce, vamos acrescentar um pouco de água de flor de laranjeira.

500 g de abóbora pescoço descascada, em cubos
1 xícara (chá) de açúcar
3 cravos-da-índia
2 canelas em rama
1 colher (chá) de água de flor de laranjeira (opcional)

1. Numa panela, coloque os cubos de abóbora, o açúcar, os cravos e a canela. Deixe descansar por 2 horas. A abóbora e o açúcar vão formar uma calda.

2. Misture com uma colher de pau e leve ao fogo alto. Quando ferver, baixe o fogo e tampe a panela, deixando uma frestinha para sair o vapor. Deixe cozinhar por 20 minutos e desligue.

3. Adicione a água de flor de laranjeira, se desejar, e tampe a panela novamente. Deixe o doce esfriar por completo com a panela fechada, para ele não enrugar.

4. Transfira para uma compoteira e sirva em seguida.

TRILHA SONORA
A MÚSICA ESCOLHIDA É DOCE, "ANTIGUINHA", E AS AVÓS VÃO ADORAR: A DIVA DIONNE WARWICK CANTANDO "I'LL NEVER FALL IN LOVE AGAIN" DO COMPOSITOR BURT BACHARACH.

Quer impressionar?
Sirva com o risoto
de ervilha da p. 88.
(Mas dobre a receita!)

CARRÉ DE CORDEIRO COM GELEIA DE FRUTAS VERMELHAS

SERVE 4 PESSOAS
TEMPO DE PREPARO: 20 MINUTOS

O sabor da carne de cordeiro é tão intenso que dispensa muitos molhos e temperos. Na culinária inglesa, que prepara os melhores cordeiros, o acompanhamento clássico é molho de hortelã. E faz todo sentido: dá uma refrescada no sabor marcante. Mas para variar, vamos de molho de geleia de frutas vermelhas. A combinação fica surpreendente e deliciosa.

1 kg de carré de cordeiro
2 colheres (sopa) de geleia de frutas vermelhas
½ colher (sopa) de azeite
½ xícara (chá) de água
sal e pimenta-do-reino a gosto

1. Com uma faca afiada, divida o carré, cortando entre os ossos a cada costela.

2. Retire o excesso de gordura de cada uma e, com a faca, raspe o osso da costela para retirar a membrana. Atenção: para não estragar a faca, raspe com a parte mais próxima ao cabo.

3. Leve uma frigideira ao fogo médio e, quando aquecer, regue com o azeite. Tempere o carré com sal e pimenta-do-reino e coloque na frigideira. Doure cada lado por cerca de 2 minutos.

4. Retire o carré da frigideira e disponha no prato que irá servir. Deixe descansar por 2 minutos para que os líquidos internos se acomodem.

5. Enquanto isso, coloque ½ xícara (chá) de água na frigideira e raspe bem o fundo com uma colher de pau. Transfira esse molhinho para uma tigela, passando pela peneira. Acrescente as 2 colheres (sopa) de geleia e, com a ajuda de um garfo, misture vigorosamente para incorporar. Tempere com sal e pimenta-do-reino.

6. Distribue duas costelinhas por prato e ofereça o molho à parte. Sirva com batatas ou legumes.

TRILHA SONORA
JÁ QUE A CARNE É DE CORDEIRO, A TRILHA SONORA É DO FLEETWOOD MAC, PORQUE A STEVE NICKS, VOCALISTA DA BANDA, QUANDO USA AQUELE VIBRATO PARECE UM OVELHINHA, NÃO ACHA? BRINCADEIRA À PARTE, O SOM É GENIAL: "GIPSY".

ARROZ COM GRÃO-DE-BICO E AMÊNDOAS

SERVE 4 PESSOAS
TEMPO DE PREPARO: 45 MINUTOS + 15 MINUTOS

Um arroz festivo e que simplesmente desconhece a palavra tédio.

PARA O GRÃO-DE-BICO

1 lata de grão-de-bico
2 colheres (chá) de cominho em pó
1 colher (sopa) de azeite
sal e pimenta-do-reino moída na hora a gosto

1. Preaqueça o forno a 200 °C (temperatura média-alta).

2. Escorra bem o grão-de-bico e coloque numa assadeira antiaderente. Regue com o azeite, polvilhe o cominho em pó e tempere com sal e pimenta-do-reino. Chacoalhe a assadeira, de um lado para o outro, para misturar.

3. Leve ao forno e deixe assar por 45 minutos, chacoalhando a assadeira de vez em quando. Reserve.

PARA O ARROZ

1 xícara (chá) de arroz branco
2 xícaras (chá) de água
½ cebola picada fino
1 colher (sopa) de óleo
1 folha de louro
1 colher (chá) de curry em pó
1 colher (chá) de sal
amêndoas fatiadas a gosto

1. Numa chaleira, leve a água para ferver.
2. Coloque o arroz numa peneira e lave sob água corrente até parar de escorrer a água branca.
3. Leve uma panela média com o óleo ao fogo alto. Quando aquecer, adicione a cebola picada e refogue até ficar transparente.
4. Junte o arroz, a folha de louro e o curry e mexa bem para não grudar no fundo da panela. Acrescente a água quente e misture. Tempere com sal, baixe o fogo e deixe cozinhar por 10 minutos na panela semitampada.
5. Para verificar se ainda há água no fundo da panela, fure o arroz com um garfo. Quando secar, desligue o fogo e tampe a panela para terminar o cozimento no próprio vapor.
6. Depois de 3 a 5 minutos, misture o grão-de-bico assado e salpique as amêndoas fatiadas. Sirva em seguida.

TRILHA SONORA
JÁ QUE O ARROZ É FESTIVO, A MÚSICA TAMBÉM DEVE TER O CLIMA DE ANIMAÇÃO. COM INSPIRAÇÃO NOS ANOS 1970, MAS COM PRODUÇÃO CONTEMPORÂNEA, SE JOGUE EM "GET LUCKY", DO DAFT PUNK.

Esse grão-de-bico vira um aperitivo delicioso! Um amendoim mais descolado. Para servir com o negroni da p. 232.

CHUTNEY DE MANGA

RENDE CERCA DE 2 XÍCARAS
TEMPO DE PREPARO: 15 MINUTOS + 1 HORA PARA COZINHAR

TRILHA SONORA
UM SOM QUE FICA ÓTIMO COM O NOSSO CHUTNEY É O DA CANTORA E PIANISTA QUE SABIA SOAR DOCE, MAS SEMPRE COM MUITA INTENSIDADE E PAIXÃO: NINA SIMONE, COM "MY BABY JUST CARES FOR ME".

2 mangas Palmer
1 ½ colher (sopa) de gengibre fresco ralado
1 cebola pequena
1 dente de alho
1 canela em rama
½ pimentão vermelho
¼ de xícara (chá) de uvas-passas
¼ de xícara (chá) de açúcar
1 colher (chá) de sal
¼ de xícara (chá) de vinagre de vinho branco
¼ de xícara (chá) de água

1. Numa tábua, apoie a fruta e descasque com uma faquinha ou descascador de legumes. Corte a manga em fatias, no sentido do comprimento, até chegar bem rente ao caroço. Corte as fatias em tiras, e as tiras, em cubos de 1 cm. Transfira para uma panela média, onde será preparado o chutney.

2. Descasque o alho e a cebola e pique bem fininho. Misture com a manga.

3. Corte o topo do pimentão, retire e descarte as sementes. Corte em metades e reserve uma dela para outra preparação. Corte a outra em tiras 0,5 cm de largura, e as tiras, em cubinhos. Transfira para a panela.

4. Misture todos os ingredientes na panela, tampe e leve ao fogo baixo. Deixe cozinhar por 1 hora, mexendo sempre para não grudar no fundo, e não se esqueça de voltar a tampar a panela! Caso o fogo baixo do seu fogão seja forte, talvez você precise regar com um pouco mais de água.

5. Desligue o fogo e transfira para potes de vidro esterilizados e tampe somente quando esfriar. Conserve em geladeira.

Chutney é ingrediente

Frango grelhado e salada. Que preguiça. Coloque uma colherada de chutney e o prato fica mais alegre. Mas a graça desse molho, uma espécie de geleia salgada, é que ele pode virar ingrediente. Espalhe uma camada no rosbife, em vez de mostarda, antes de levar para assar. Misture uma colherada no molho de tomate. Pode pirar, sempre funciona.

{ Pitada 106 }

CAMARÕES GRELHADOS COM MAIONESE CASEIRA

SERVE 2 PESSOAS
TEMPO DE PREPARO: 30 MINUTOS

A pitada deste prato vem do Alexandre Herchcovitch. Quando preparamos o prato para ele no Panelinha no Rádio, ele revelou seu truque na hora de fazer maionese caseira. Em vez de usar apenas uma gema crua, ele usa também uma cozida.
Será que dá certo? A gente foi correndo testar e comprovou que funciona mesmo! E mais: ela chega ao ponto certo mais rápido e, por isso, leva menos óleo. Com a receita a seguir você vai poder experimentar também.

PARA A MAIONESE

2 ovos
1 colher (sopa) de vinagre ou de caldo de limão
1 colher (chá) de mostarda de Dijon
½ colher (chá) de sal
⅔ de xícara (chá) de óleo da sua preferência

1. Leve uma panela com água ao fogo médio. Quando começar a ferver, desligue e coloque apenas um ovo. Deixe cozinhar na água quente por 10 minutos. Retire da panela e transfira o ovo para uma tigela com água e gelo. Quando esfriar, descasque e separe a gema.

2. Em outra tigela, média, coloque a gema crua (descarte a clara ou a reserve para outra preparação). Junte a gema cozida e amasse com uma colher, até formar uma pasta. Misture o vinagre (ou o caldo de limão), a mostarda e o sal.

3. Coloque a tigela sobre um pano úmido (para que ela fique firme na bancada). Com uma das mãos, regue o óleo em fio, aos pouquinhos, e com a outra, bata a mistura com um batedor de arame, sem parar, até formar a maionese. O único segredinho é não deixar o óleo cair todo de uma vez. Conserve em geladeira.

PARA OS CAMARÕES

10 camarões grandes descascados e limpos, com a cauda
1 limão cortado em gomos
1 colher (sopa) de azeite
folhas de salsinha para decorar
sal e pimenta-do-reino a gosto moída na hora

TRILHA SONORA
QUANDO FOR BATER A MAIONESE, USE A TRILHA DO DAFT PUNK PARA MANTER O RITMO. SE QUISER DANÇAR UM POUQUINHO ENQUANTO COZINHA, FIQUE À VONTADE COM "LOSE YOURSELF TO DANCE".

Na p. 166 tem pitada para deixar o camarão limpinho.

1. Tempere os camarões com sal e pimenta-do-reino.

2. Leve uma frigideira grande ao fogo médio. Quando aquecer, regue com o azeite e doure metade dos camarões por cerca de 2 minutos de cada lado. Transfira para um prato. Atenção: não coloque todos de uma vez, pois eles vão resfriar a frigideira e cozinhar no próprio vapor, em vez de dourar. Repita o procedimento com o restante e, no final, junte a primeira leva para aquecer novamente.

3. Forre uma tigela rasa, ou uma pequena saladeira, com papel-manteiga. Coloque uma tigelinha com uma porção generosa de maionese sobre o papel, arranje os camarões, salpique com folhas de salsinha bem fresca e sirva em seguida com os gomos de limão.

CHIPS DE BANANA APERITIVO

SERVE 6 PESSOAS
TEMPO DE PREPARO: 30 MINUTOS

Há, basicamente, duas formas de preparar banana-da-terra. E inúmeros jeitos de servir: pode ser aperitivo, acompanhamento e, sim, que sobremesa maravilhosa, com jeitão tradicional, canela e açúcar polvilhados. O que define a melhor maneira é a idade da fruta. Se ainda estiver um pouco verde, vamos fritar e fazer este aperitivo. Se já estiver madura, vira acompanhamento ou sobremesa.

4 bananas-da-terra
500 ml de óleo para fritar
1 colher (sopa) de raspas de limão
1 colher (chá) de cominho
1 colher (chá) de sal marinho
pimenta-do-reino moída na hora a gosto

1. Descasque e corte as bananas no mandolim, em fatias finas.
2. Coloque o óleo numa panela ou frigideira de fundo largo e vá fritando as fatias aos poucos.
3. Transfira para um prato forrado com papel-toalha. Coloque numa travessa e polvilhe com raspas de limão, cominho e tempere com sal e pimenta-do-reino.

TRILHA SONORA
QUEM FAZ UMA ÓTIMA TRILHA SONORA PARA O PRATO DE BANANA DA TERRA É O JORGE BEN JOR, QUE COMPÔS O SAMBA ROCK "O VENDEDOR DE BANANAS". PARA ACOMPANHAR ESSA RECEITA SEPARAMOS A REGRAVAÇÃO DA RITA RIBEIRO PARA ESSA MÚSICA.

Fatias de banana para acompanhar...

...os mais variados pratos. Com peixes fica imbatível. Mas também combina com picadinho, com carne de cordeiro, lombinho de porco, frango assado. Só que, em vez de frita, ela tem que ser dourada em um pouco de manteiga (é essa da foto). Depois, transfira para um recipiente e tempere como na receita de chips de banana. Para variar: polvilhe com páprica doce e canela.

{ Pitada 107 }

O segredo é fatiar a fruta no mandolim: ela fica mais fininha, e também mais crocante.

SALADA DE MELÃO ORANGE COM PRESUNTO CRU

SERVE 4 PESSOAS
TEMPO DE PREPARO: 15 MINUTOS

¼ de melão orange
8 fatias de presunto cru
½ maço de agrião baby
4 colheres (sopa) de azeite
sal e pimenta-do-reino moída na hora a gosto

1. Lave o maço de agrião baby em água corrente e deixe as folhas de molho numa tigela com água e 1 colher (sopa) de vinagre por 10 minutos. Retire as folhas, em vez escorrer a água — assim, as sujeirinhas ficam no fundo da tigela. Com uma centrífuga de saladas seque bem as folhas; se não tiver, coloque num pano de prato limpo, forme uma trouxinha e gire como se fosse laçar o boi. É sério!

2. Corte o melão: apenas ¼ dele será usado. Retire as sementes com uma colher. Descasque a parte que será usada e, com um descascador de legumes, vá cortando as fatias. Se preferir, corte com uma faca ou passe pelo mandolim.

3. Transfira para uma travessa bonita, com cuidado para não quebrar as fatias. Arrume as fatias de presunto cru na travessa e salpique as folhas de agrião baby por cima. Regue com o azeite, tempere com sal e pimenta-do-reino moída na hora e leve para a mesa.

TRILHA SONORA
A MISTURA DO MELÃO COM O PRESUNTO CRU É INUSITADA, ASSIM COMO A COMBINAÇÃO ENTRE A GUITARRA MARCANTE DE CARLOS SANTANA E A VOZ DELICADA DA CANTORA DIDO: "FEELS LIKE FIRE".

Ideal para servir antes do bacalhau à Lagareiro da p.101 e fazer uma refeição ítalo-portuguesa.

PÃO AUSTRALIANO

RENDE 2 PÃES DE 400 G CADA
TEMPO DE PREPARO: 20 MINUTOS + 3 HORAS DE DESCANSO + 30 MINUTOS PARA ASSAR

2 xícaras (chá) de farinha de trigo
1 xícara (chá) de farinha integral
1 xícara (chá) de farinha de centeio
1 colher (sopa) de cacau em pó
1 colher (chá) de sal
3 colheres (sopa) de açúcar mascavo
10 g de fermento biológico seco (1 sachê)
50 g de manteiga
¼ de xícara (chá) de melaço de cana
1 xícara (chá) de água morna
fubá para polvilhar

1. Numa tigela grande, junte todos os ingredientes da receita, exceto a água e o fubá. Com uma colher, misture e vá regando com a água, até que dê para a trabalhar a massa com as mãos. Raspe bem o fundo da tigela e incorpore a massa que fica grudada para não desperdiçar nada.

2. Polvilhe uma superfície lisa e limpa com farinha. Transfira a massa e sove por cerca de 15 minutos: faça movimentos contínuos, dobrando a massa sobre ela mesma, até ficar elástica. Para verificar, aperte com o dedo indicador: se ficar amassada, precisa sovar mais um pouquinho; se voltar, está no ponto.

3. Polvilhe a tigela com um pouco de farinha de trigo, , volte a massa para a tigela e cubra com um pano de prato úmido. Deixe descansar por 2 horas próximo ao calor, como sobre a geladeira ou perto de forno (isso ajuda a massa a crescer mais rápido). Ela precisa dobrar de tamanho. Às vezes, especialmente no frio, leva um pouco mais de tempo.

4. Hora de moldar a massa! Transfira para a bancada limpa e lisa, polvilhada com farinha de trigo. Corte a massa no meio e posicione o corte de frente para você. Com as duas mãos, role a massa (para a frente e para trás), até alongar um pouco e ficar com um formato de filão. Repita o procedimento com a outra metade.

5. Polvilhe uma assadeira antiaderente generosamente com fubá e coloque os pães moldados nela, deixando bastante espaço entre eles — ainda vão crescer. Cubra com o pano úmido e deixe descansar por mais 1 hora.

6. Faltando 20 minutos, preaqueça o forno a 180 °C (temperatura média).

7. Retire o pano, polvilhe os pães com mais fubá e leve para assar por cerca de 30 minutos. Retire do forno e transfira para uma grade, caso não vá servir em seguida.

TRILHA SONORA
O PÃO AUSTRALIANO SÓ PODERIA TRAZER UMA BANDA DA AUSTRÁLIA, PORTANTO OUÇA INXS COM "BEAUTIFUL GIRL".

PAN CON TOMATE

SERVE 4 PESSOAS
TEMPO DE PREPARO: 20 MINUTOS

Há várias maneiras de preparar o pan con tomate. A versão mais comum talvez seja esfregar o tomate em metades contra as fatias de pão. E já fica incrível. Mas esta versão da Priscila Mendes, culinarista do Panelinha no Rádio, é ainda mais saborosa. E a apresentação fica mais simpática.

3 tomates tipo Débora maduros
1 baguete
1 ½ colher (sopa) de azeite
sal e pimenta-do-reino moída na hora a gosto

1. Preaqueça o forno a 180 ºC (temperatura média).
2. Lave, seque e corte o topo dos tomates. Apoie um ralador numa tigela média e rale a polpa, começando pela parte cortada. Use a casca como proteção para a sua mão. Descarte a casca.
3. Tempere a polpa ralada com azeite, sal e pimenta-do-reino. Misture bem e transfira para uma tigelinha bonita.
4. Passe as mãos umedecidas em água sobre a baguete. Se preferir, molhe com um borrifador de água. Numa assadeira, leve a baguete ao forno para aquecer por 5 minutos, até que o pão fique crocante.
5. Corte a baguete em 4 partes e cada parte ao meio, no sentido do comprimento. Sirva ainda quente, com o tomate ralado por cima.

TRILHA SONORA
GABRIELA CILMI É AUSTRALIANA, MOROU NA INGLATERRA, É FILHA DE ITALIANOS E FAZ UM SOM COM INFLUÊNCIAS DO JAZZ E DO SOUL NORTE-AMERICANOS. A MÚSICA DA MOÇA REPLETA DE INFLUÊNCIAS É QUE ACOMPANHA ESSA RECEITA QUE TEM A DOÇURA DO TOMATE: "SWEET ABOUT ME".

Pan com tomate, camarão ao alho e óleo da p. 40, o aperitivo da pitada 7, e mais pasta de cebola caramelizada da p. 77. Precisa de prato principal? Dá pra ficar só no belisco.

LASANHA DE BERINJELA COM SALADA DE TOMATINHO

SERVE 4 PESSOAS
TEMPO DE PREPARO: 30 MINUTOS + 30 MINUTOS PARA ASSAR

Eu sei, eu sei. Neste capítulo em tons terrosos, falei que íamos enfiar o pé na jaca, soltar a franga e tal. Mas, às vezes, é preciso retomar as rédeas. Esta lasanha é um respiro: um jeito de comer essa tentação da cozinha italiana, mas de uma forma bem mais saudável e, por que não, elegante.

3 berinjelas pequenas
400 g de ricota
3 ovos
1 xícara (chá) de leite
½ xícara (chá) de folhas de manjericão fresco
¾ de xícara (chá) de queijo parmesão ralado
1 embalagem de tomate grape (180 g)
azeite a gosto
sal e pimenta-do-reino moída na hora a gosto

1. Lave e seque as berinjelas. Numa tábua, corte as pontas da berinjela e descarte. Corte fatias finas, no sentido do comprimento, se possível, usando um mandolim. Descarte a primeira e a última fatia de cada berinjela.

2. Aqueça uma frigideira antiaderente grande em fogo alto. Regue com um fio de azeite e doure algumas fatias de berinjela por vez, por 1 a 2 minutos de cada lado. Repita esse processo com todas as fatias.

3. Preaqueça o forno a 200 ºC (temperatura média-alta).

4. Lave, seque e pique as folhas de manjericão (reserve algumas para decoração). Transfira para uma tigela média e junte a ricota. Amasse-a com um garfo. Junte o leite e os ovos e misture bem. Acrescente ½ xícara (chá) de queijo parmesão (guarde o restante para a montagem). Tempere com sal e pimenta-do-reino e misture novamente.

5. Num refratário médio, em que for servir a lasanha, espalhe um pouquinho de azeite. Disponha uma camada de berinjela e, por cima, espalhe uma camada do recheio de ricota. Repita o procedimento, sendo que a última camada deve ser de recheio. Polvilhe com o restante do parmesão e leve ao forno para assar por 30 minutos ou até que a lasanha esteja dourada.

6. Enquanto isso, lave, seque e corte os tomatinhos em metades (no sentido do comprimento). Tempere com sal, pimenta-do-reino e regue com um fio de azeite.

7. Na hora de servir, transfira um pedaço da lasanha para um prato e, por cima, coloque uma colherada da saladinha de tomates. Salpique folhas de manjericão e, se quiser, decore com lascas de parmesão.

TRILHA SONORA
A TRILHA SONORA DESSA BERINJELA NÃO É ORIGINAL, MAS VOCÊ VAI VER COMO CASA PERFEITAMENTE COM O PRATO. A MÚSICA "VIA CON ME", DO ITALIANO PAOLO CONTE, JÁ FOI USADA DIVERSAS VEZES NO CINEMA, COMO NOS FILMES *SURPRESAS DO CORAÇÃO*, COM KEVIN KLINE E MEG RYAN, E *SEM RESERVAS*, COM CATHERINE ZETTA JONES.

Veja o preparo do molho branco na p. 259.

PANQUECA DE RICOTA E ESPINAFRE COM MOLHO BRANCO

SERVE 4 PESSOAS
TEMPO DE PREPARO: 20 MINUTOS PARA A MASSA DESCANSAR + 50 MINUTOS + 15 MINUTOS PARA ASSAR

Esta seria apenas uma panquequinha caseira, básica, inofensiva. Mas aí vem a uva-passa e muda tudo: hidratada no rum, ela deixa a mistura de ricota com espinafre com cara de novidade. Novidade das boas!

PARA A MASSA

1 ½ xícara (chá) de leite
1 xícara (chá) de farinha de trigo
2 ovos
1 colher (chá) de sal
manteiga ou óleo de canola para untar

1. No liquidificador, junte o leite, a farinha de trigo, os ovos e o sal. Bata até a mistura ficar lisa. Deixe descansar no próprio copo do liquidificador por, no mínimo, 20 minutos até 1 hora, em temperatura ambiente.

2. Enquanto isso, prepare o recheio (veja a receita a seguir).

3. Depois do tempo do descanso da massa (e com o recheio já pronto), aqueça uma frigideira antiaderente, de fundo grosso, de cerca de 22 cm de diâmetro, e espalhe um pouquinho de óleo ou de manteiga.

4. Dê uma boa mexida na massa. Com a mão direita (se você não for canhoto!), levante a frigideira e, com a outra, coloque a massa com uma concha média (que também serve de medida). Faça um movimento circular com a frigideira para cobrir todo o fundo. Coloque a frigideira sobre o fogo baixo e, quando as bolhas começarem a aparecer, vire a massa para dourar do outro lado com auxílio de uma espátula de borracha. O processo todo leva menos de 3 minutos por disco. Transfira para um prato, espalhe mais um pouquinho de manteiga ou óleo na frigideira e repita o procedimento, até terminar a massa. Rende de 10 a 12 discos.

a receita continua...

PARA O RECHEIO

500 g de ricota fresca
1 maço de espinafre fresco
¼ de xícara (chá) de uvas-passas brancas
¼ de xícara (chá) de rum
1 dente de alho
1 colher (sopa) de azeite
sal e pimenta-do-reino moída na hora a gosto

1. Lave o maço de espinafre sob água corrente. Separe as folhas e deixe de molho por 10 minutos em água com solução desinfetante ou vinagre. Reserve os talos para outra preparação (picado e refogado fica ótimo.)

2. Numa tigelinha, misture as uvas-passas com o rum para hidratar. Reserve. Descasque e pique fino o dente de alho. Reserve.

3. Numa tigela grande, amasse a ricota fresca com um garfo. Tempere com sal e pimenta-do-reino moída na hora.

4. Leve ao fogo médio uma frigideira antiaderente. Enquanto ela aquece, transfira as folhas de espinafre para uma peneira, assim as eventuais sujeirinhas ficam no fundo da tigela com a água. Coloque as folhas na frigideira e vá mexendo aos poucos, até que estejam macias, mas não totalmente murchas.

5. Transfira as folhas de volta para a peneira e pressione para retirar o excesso de água. O espinafre vai ficar mais crocante.

6. Volte a frigideira ao fogo baixo, regue com um fio de azeite e junte o alho picado. Misture bem, sem deixar dourar. Tire a frigideira do fogo (isso é importante para não ter perigo de o álcool pegar fogo e você se queimar) e junte as passas hidratadas e o rum. Volte ao fogo e misture até a bebida secar. Desligue o fogo e junte as folhas de espinafre. Tempere com o sal, pimenta-do-reino e misture o refogado à ricota amassada na tigela.

TRILHA SONORA

ERA UMA VEZ UM COMPOSITOR PERNAMBUCANO QUE RESOLVEU JUNTAR A MÚSICA DE RAIZ COM O ROCK, O HIP-HOP E TUDO MAIS QUE APARECEU PELA FRENTE. DEIXE-SE LEVAR POR "JACKSOUL BRASILEIRO", DE LENINE.

PARA A MONTAGEM

¼ de xícara (chá) de nozes picadas
¼ de xícara (chá) de queijo parmesão ralado
salsinha em folhas ou picada a gosto

1. Preaqueça o forno a 180 °C (temperatura média).

2. Coloque cerca de 2 colheres (sopa) do recheio em cada panqueca. Enrole pressionando para que o recheio fique firme. Transfira para um refratário grande.

3. Regue as panquecas com cerca de ¾ do molho branco. (O restante pode ser servido à parte.) Salpique com as nozes e com o queijo parmesão ralado. Leve ao forno por cerca de 15 minutos ou até o molho começar a borbulhar e dourar. Sirva com as folhas de salsa fresca.

BOLO DE CHOCOLATE DE LIQUIDIFICADOR COM GANACHE DE LARANJA

SERVE 8 PESSOAS
TEMPO DE PREPARO: 25 MINUTOS + 30 MINUTOS PARA ASSAR + 15 MINUTOS PARA ESFRIAR
+ 15 MINUTOS PARA A COBERTURA

Bolo de chocolate é bom, mas este é melhor ainda. Vamos elevar o bolo de chocolate a um outro patamar. Na massa tem café e açúcar mascavo. Na cobertura, ou ganache, laranja e canela. É tudo muito sutil e ao mesmo tempo marcante. E o grande segredo: todo bolo feito com óleo fica mais fofinho quando preparado no liquidificador.

PARA A MASSA

4 ovos
1 xícara (chá) de café (passado fraco)
1 xícara (chá) de óleo
½ xícara (chá) de açúcar
½ xícara (chá) de açúcar mascavo
1 xícara (chá) de chocolate em pó
2 xícaras (chá) de farinha de trigo
1 colher (sopa) de fermento
manteiga, farinha e chocolate para untar e polvilhar

1. Preaqueça o forno a 180 °C (temperatura média). Unte uma fôrma redonda com furo, espalhando uma camada fina e uniforme de mateiga. Faça uma misturinha meio a meio de chocolate em pó e farinha e polvilhe a fôrma toda (assim o bolo não fica com aquela casquinha branca de farinha). Reserve.

2. No liquidificador, junte os ovos, o café e o óleo e bata apenas para misturar.

3. Em seguida, coloque os açúcares, o chocolate em pó e a farinha. Bata por 4 minutos, na velocidade máxima.

4. Por último, adicione o fermento e bata por mais 1 minuto, para misturar bem.

5. Transfira a massa para a fôrma preparada e leve ao forno preaquecido para assar por 30 minutos, até que o palito saia limpo ao ser espetado no bolo.

6. Retire do forno e deixe esfriar por 15 minutos. Coloque um prato de bolo sobre a fôrma e, com auxílio de um pano de prato, vire de uma vez.

7. Somente quando o bolo estiver frio, espalhe a calda e sirva.

a receita continua...

PARA A CALDA

200 g de chocolate meio amargo
¼ de xícara (chá) de creme de leite fresco
1 rama de canela
½ colher (chá) de raspas de laranja

1. Numa tábua, pique fino o chocolate. Transfira para uma tigela de vidro e junte o creme de leite, a canela e as raspas de laranja. Atenção: na hora de raspar a casca da laranja, cuidado com a parte branca, que amarga a receita. De preferência, use um ralador específico para cítricos. Veja a pitada 53.
2. Leve a tigela ao micro-ondas e verifique de 1 em 1 minuto, até o chocolate derreter.
3. Deixe esfriar e retire a canela. Assim que amornar, leve à geladeira por cerca de 10 minutos. Retire e misture bem para unificar a temperatura. Se o dia estiver muito quente, repita esse procedimento.
4. Espalhe a calda do bolo com uma espátula de confeiteiro ou com uma faca.

TRILHA SONORA
PARA ALGUNS O GRUPO SUECO KOOP FAZ JAZZ, PARA OUTROS, TRIP HOP... LEMBRA ESSE BOLINHO QUE DIVIDE PREFERÊNCIAS: PARA ALGUNS É SOBREMESA, PARA OUTROS, CAI BEM NO CAFÉ DA TARDE. ESCUTE A MÚSICA "I SEE DIFFERENT YOU", EXPERIMENTE O BOLO E TIRE SUAS CONCLUSÕES.

Até com o bolo de laranja da p. 192 esta cobertura fica incrível. Mas dispense o glacê.

LUGAR À MESA

Quem me acompanha há tempos já deve ter lido pelo menos alguma coisinha sobre a minha avó Maria Rita. Vira e mexe escrevo sobre ela, especialmente nas datas comemorativas — ela era a grande festeira da família Lobo. E formou uma alcateia gigante: no Natal, só de descendentes diretos eram sessenta pessoas, incluindo maridos e mulheres (que o meu avô carinhosamente chamava de agregados). Nos últimos anos de vida, porém, a saúde debilitada não permitia mais do que um almocinho para dois ou três por vez. Era muito agito para uma pessoa que estava tão frágil. Ou melhor, ela estava ao mesmo tempo tão vulnerável e tão forte. Tudo foi parando de funcionar, menos o coração. Ele era poderoso. Em todos os sentidos.

Minha avó morreu aos 96 anos. Muito antes disso, porém, ela foi passando para a frente a prataria, travessas enormes, louças e tudo aquilo que quem gosta de receber costuma ter. Mas foi só depois que ela morreu que recebi da minha mãe (que era nora dela) um jogo de toalha de mesa de Natal. Eu não tenho lembrança dele nas festas da minha avó. E achei muito curioso ela ter dado justamente para a minha mãe, que nunca fez uma ceia na vida. Por isso, penso que o destino desse enxoval fosse mesmo ficar comigo.

A avó Rita era uma mulher com gosto bem tradicional. Não consigo imaginar uma mesa natalina em tons de azul na casa dela. Mas o linho está gasto – e como só poderia ser usado uma vez por ano, suponho que deva ter sido o jogo de Natal por anos a fio. Mas ele só chegou às minhas mãos quando não dava mais para perguntar sobre a história dos guardanapos e da toalha de mesa, gigante, com ramos de pinheiro, bolas de enfeite e laçarotes bordados.

Além do nome e dos guardanapos, herdei muita coisa dela. Boa parte das lembranças que guardo da vovó Rita são ao redor da mesa. Da minha infância, me lembro dela servindo doce de abóbora com queijo, depois de um almoço sereno, apesar da mesa cheia, num domingo qualquer. Já as festas de Natal eram o evento do ano: tender assado, com osso, peru decorado com fios de ovos, a tradicional torta de nozes com baba de moça.

Assim como quem não quer nada, com um cafezinho acompanhado de sequilho, a vovó foi nos ensinando o significado de fazer parte. Foi ela quem me mostrou a importância de olhar para as próprias origens — e fica mesmo mais fácil de se conhecer, de reconhecer onde estamos, qual o nosso lugar no mundo e, também, para onde queremos ir.

A partida dela representou para a minha família o fim de uma geração. Sem ela por aqui, meus primos e eu nos demos conta de que chegamos ao meio do caminho: vamos cuidando dos nossos filhos, os quase trinta bisnetos da vovó Rita, e aos poucos começamos a dar uma atenção extra aos nossos pais. Essa é a dinâmica da vida. E a vovó conhecia isso como ninguém.

Além de homenagear a minha avó, com esta mesa, arrumada para os guardanapos dela, vamos deste capítulo vermelho final de volta ao azul inicial. Assim, você pode passar novamente pelo verde, pelo amarelo e fica mais à vontade para transformar as minhas em suas pitadas. Mas, acima de tudo, escolhi encerrar o livro com esta imagem porque ela representa muito bem o meu desejo que todos nós possamos usufruir dessa sensação de pertencimento — que a vovó Rita soube estimular tão bem. E não só nas datas comemorativas! Aliás, é no dia a dia que tudo acontece. Então, vamos para a cozinha?

AGRADECIMENTOS

Começo agradecendo à equipe responsável pelo blog, que foi a base de tudo para este livro: Priscila Ilogti Mendes, Milene Chaves e Carolina Ehrlich Stevaux. Além de tudo, os dias são mais divertidos com vocês! Agradeço também a Carolina Vasconcelos, Clara Massote, Nina Leite Sá e Amanda Maia, que colaboraram com o blog — a Amanda, aliás, fez também a preparação do livro. Rodrigo Siqueira, obrigada por tentar colocar ordem num escritório cheio de mulheres loucas, e Sandi Oliveira Paiva, obrigada por tentar colocar ordem numa cozinha cheia de mulheres ainda mais loucas.

As fotos foram clicadas pelo Charles Naseh, Gilberto Oliveira Jr. e Ricardo Toscani. Muito obrigada pela paciência de Jó de vocês — sei que posso ser obsessiva com detalhes. Aos meus amigos Patricia e Cliff Li, agradeço o espaço no Na Mata Café, onde montamos o estúdio Panelinha para testar e fotografar receitas e pitadas.

Para transformar textos e fotos em páginas, lá vem ela, Joana Figueiredo, responsável pelo projeto gráfico, e Gustavo Bacan, seu fiel escudeiro na diagramação do livro. Obrigada, Jojo e Bacan!

Helena Lunardelli, mesmo sem ter participado diretamente deste projeto, você é sempre uma inspiração — e a melhor companheira de viagem de todos os tempos, incluindo Paleolítico, Idade Média e a Era Berbere. Em suma, você não fez nada, talvez um pitaco de estilo aqui, outro ali, mas agradeço à Suzana e ao Rubens pela sua existência.

O *Pitadas* já estava começando a ganhar corpo quando a Fabiana Roncoroni, da produção da Companhia das Letras, me perguntou onde estavam as pitadas musicais, como no rádio — lá, as pitadas são seguidas de música. Ops, esqueç... Foi graças a ela que o livro ganhou sugestão de trilha sonora em todas receitas. Valeu, Fabi!

Já as músicas foram todas sugeridas pelo Regis Salvarani — ou você acha que eu tenho esse repertório musical todo? Que nada, é o Regis que nos salva. A mim, que posso apresentar músicas cheia de bossa, e a você, que não precisa ficar ouvindo Rod Stewart, receita após receita — meu computador é recheado de músicas dele... Aliás, só mesmo outro fã de Rod para comprar a ideia de um programa de culinária no rádio. Um não, dois! O *Panelinha*, na rádio Estadão, e as *Pitadas da Rita*, na Eldorado. Acacio Luiz Costa, obrigada pela parceria.

Monica Vidigal, minha prima querida, obrigada pelo carinho com que você me ajudou a cuidar do Panelinha nesses últimos anos. E não é só porque os agradecimentos chegaram à família que agradeço ao meu pai,

Guilherme Lobo, pelo paciente suporte administrativo que tem dado ao meu escritório, apesar dos meus cochilos diante uma planilha recheada de números, que não se referem a xícaras nem a colheres.

Ah, Ilan Kow... Como agradecer uma pessoa que me estimula tanto e ainda leva café da manhã na cama todo santo dia?

PRODUÇÃO DE OBJETOS

Além dos objetos do acervo Panelinha, para as produções fotográficas deste livro também foram usados produtos emprestados pelas seguintes lojas: Camicado, Casa Almeida, Depósito Kariri, Emporium Presentes, Ishela, Roberto Simões, Spicy, Stella Ferraz, Susie Rubin, Utilplast. Agradeço à equipe de cada uma delas pelo carinho conosco.

ÍNDICE REMISSIVO

abacate, 73
abacaxi, 60, 107, 115, 172, 174, 215, 217; grelhado, 172, 221
abóbora, 29, 31, 42, 74, 96, 272; doce de, 272; japonesa, 30, 46, 183
abobrinha, 29, 42, 46, 136, 139; italiana, 46
açúcar, 36-7, 48-9, 54, 62-3, 66, 69, 71, 73, 99, 125, 141, 151, 172, 174, 181, 184, 192, 193, 204, 210, 215-6, 235, 250, 253-4, 272, 279, 282, 297; de confeiteiro, 193; mascavo, 52-3, 210, 218, 253, 286, 297
agrião, 285
água, 31, 36-9, 41-2, 44, 48-9, 51, 53, 57-8, 61-2, 71, 73, 88-9, 92-3, 99, 101, 103, 107-9, 112-3, 117, 120-1, 127, 129-30, 133, 139, 141-2, 153-4, 160, 165, 171-2, 177-8, 180, 184, 186, 189, 194, 199, 202, 205-6, 209, 212-3, 216, 227-8, 232, 234, 238, 241-2, 247, 250, 254, 256-7, 262, 266-8, 272, 275, 277, 279-80, 285, 286, 289, 294; de flor de laranjeira, 192-3, 254, 272; tônica, 34, 221
alcaparras, 42, 121, 127
álcool, 103, 250, 294
alecrim, 30, 95, 97, 108-9, 139, 153, 169, 171, 189-91, 248, 249, 256
"Alegre Menina" (Mart'nália), 165
alface, 95
alho, 30, 38-40, 42, 74, 95, 99, 101-3, 108, 113, 118, 126-7, 133, 136, 153, 156, 162, 165, 169, 171, 179, 200, 203, 209-10, 236-7, 241-2, 244-5, 249, 256, 279, 294
alho-poró, 136, 139, 153-4
almoço, 61, 99, 126, 134, 162, 194, 221; *ver também* jantar
almôndegas, 96-7
Amado, Jorge, 165
Amado, Paloma Jorge, 162, 165
Amarante, Rodrigo, 65
amêndoas, 42, 60, 126, 232, 252, 276-7; licor de, 31, 34
amendoim, 132-3
Americano (drinque), 232
amido de milho, 66-7, 258
anchova, 127, 209
Andrade, Mayra, 238
Andre 3000, 107
aparelho de jantar, 32, 74
aperitivos, 35, 105, 127, 162, 191, 228, 231, 276-7, 282, 289
arroz, 88-9, 95, 103, 130, 141, 162, 180, 210, 235, 247, 276-77; arbóreo, 88, 122; arroz-doce, 141
"As time goes by" (Bryan Ferry), 268
Assad, Badi, 177
assadeira, 30-1, 37, 39, 53, 60, 62, 66, 77, 101, 133, 139, 190-1, 193, 196, 204-5, 216, 218-9, 247-9, 276, 286, 289
"Assim sem você" (Claudinho e Buchecha), 101
"Até o fim" (Chico Buarque), 77
Austrália, 287
aveia, 60
Averna, 73
azeite, 30-1, 35, 39-42, 44, 46, 48-9, 77, 85, 88, 90, 92, 95-6, 101-3, 105, 108, 112-3, 118, 121-3, 126-7, 129-30, 133, 136, 139, 153-4, 156, 165, 169-71, 179, 183, 186, 189-91, 200-1, 206, 208-9, 230, 235-8, 241-2, 244-5, 247-9, 256, 266, 268, 275-6, 280-1, 285, 289-90, 294; aromatizado com alho e alecrim, 171; de dendê, 162, 165; *ver também* óleo
azeitonas, 126-7, 130, 145; sem caroço, 126; verdes, 127, 130

bacalhau, 38-9, 101, 238, 246-7;
Bacharach, Burt, 272
bacon, 57-8, 86, 92-3, 194, 212-4, 242-3
bagas, 51-3, 141, 159
baguete *ver* pão
Bahia, 143, 160, 162
banana, 186, 203, 282; banana-da-terra, 282; bananas-passas, 252-3; chips de, 282
"Bananeira" (Bebel Gilberto), 203
banho-maria, 19, 37, 53, 57, 205
Bardot, Brigitte, 254
Barros, Theo de, 108
batata, 31, 38-9, 95, 97, 108-9, 199; bolinha, 101; doce, 97; *ver também* purê
batedeira, 37, 53, 69, 151, 193, 198, 204, 216, 218, 228, 253
batedor de arame, 37, 57, 66, 69, 117, 130, 179, 206, 216, 218, 230, 259, 271, 280
"Batucada dos nossos tantãs, A" (Fundo de Quintal), 242
baunilha, 37, 66, 192-3
Beatles, 60, 159
"Beautiful Girl" (INXS), 287
bechamel *ver* molhos
beef tea, 231
"Beija-flor" (Marina Lima), 193
Ben Jor, Jorge, 282
Bennett, Tony, 122
"Berimbau" (Mayra Andrade), 238
berinjela, 97, 136, 139, 290-1
Berry, Chuck, 31
beterraba, 187, 234-5
Beto Sem Braço, 40
bicarbonato de sódio, 204, 253
Biondi, Mario, 190
biscoitos de gengibre, 218-9
bolinhos de chuva, 62-5
bolos, 54, 66-71, 125, 192-3, 215-7, 252-3, 297-8; de chocolate, 297; gelado de abacaxi, 215; de laranja, 192; inglês, 252
"Bonnie and Clyde" (Gainsbourg e Bardot), 254
borche, 85
"Bossa Nova Baby" (Elvis Presley), 271
Bowie, David, 259
brigadeiro, 270-1
brócolis, 132-3
Brooklyn Funk Essentials, 133
"Brown Sugar" (Rolling Stones), 52
brownie, 51-3
brunch, 57-60
Bruni, Carla, 121
bruschetta, 236-7
Buarque, Chico, 48, 77
Buika, Concha, 127

305

cacau, 53; em pó, 204, 270, 286
cachaça, 115, 125, 159, 169, 181, 243
café, 51, 55, 158, 253, 297
café da manhã, 60-1, 151, 254
caipirinha, 27; com toque irlandês, 125; de carambola com maracujá, 181
Calcanhoto, Adriana, 101
calda, 36, 71, 184, 272; de abacaxi, 215-7; de chocolate, 53-5, 298
caldos, 249-258; de beterraba, 234-5; de carne, 228, 230-1; de feijão, 242-3; de laranja, 192-3, 254; de legumes, 85, 112, 122, 177, 179, 249; de limão, 40, 97, 113, 121-2, 127, 156, 162, 169, 179, 187, 208-10, 244-5, 254, 280; engrossando os, 258; marroquino, 44-6
camarão, 40-1, 162-6; limpeza do, 166
"**Camarão que dorme a onda leva**" (Beth Carvalho), 40
Campari, 232
"**Can't buy me love**" (John Pizzarelli), 159
canapés, 34-5, 228
canela, 141, 282, 297; em pau, 228; em pó, 43, 60, 63, 112, 141, 171, 204, 218, 247; em rama, 141, 247, 250, 254, 272, 279, 298
carambola, 73, 181
caramelo, 36
cardamomo, 51-3, 141, 159
carnes, 38, 96-7, 186, 191; brancas, 130, 254; caldo de, 230-1; carne de panela, 153; carne louca, 156, 228-30; carne moída, 260-1; de cordeiro, 97, 248-9, 275, 282; de porco, 96-7, 243, 254, 282; fraldinha, 261, 266; músculo, 85, 125, 228; picanha, 196; *ver também* carnes específicas
carpaccio, 186-7
carré de cordeiro, 275
Carvalho, Beth, 40
Casablanca (filme), 268
castanhas, 53, 69, 252-3; castanha-de-caju, 60, 66, 69, 212, 252; castanha-do-Brasil, 53, 252-3
Caymmi, Dorival, 165
cebola, 43-4, 46, 48-9, 74, 77, 88-9, 96, 122, 136, 139, 153-4, 156, 162, 165, 177, 180, 191, 202-3, 227-8, 234, 235, 242, 244-5, 247, 249, 256, 268, 277, 279; assada com alecrim, 191; pasta de, 44, 77; roxa, 130, 156, 203, 230, 234-5, 247
cebolinha, 95, 97, 179, 183
cenoura, 29, 43-6, 88-9, 96, 105, 153-4, 177, 228, 234
centrífuga, 107, 186, 206, 285
cerâmicas, 32
cereja, 175
ceviche, 96
chás: chá verde, 117, 142; de erva cidreira, 115; de **hortelã**, 96, 142-3
Chami, monsieur, 43-4
champignon *ver* cogumelos
chantili, 54, 115
Charles, Ray, 200
cheeseburger, 266-7; *ver também* hambúrguer
chilli, 43
chips de banana, 282
chocolate, 53-5, 84, 159, 204, 205, 227, 271, 297-8; ao leite, 204; calda de, 54; em pó, 271, 297; meio amargo, 53-4, 298

chuchu, 175
churrasco, 97, 132, 153, 244
churros, 62, 64
chutney, 186, 200, 279; de coco com coentro, 200-2; de manga, 210, 279
ciabatta, 155
Cibelle, 186
cidra, 210
Cilmi, Gabriela, 289
Clapton, Eric, 92
claras de ovos, 196, 215-6; em neve, 216; *ver também* ovos
Claudinho e Buchecha (dupla), 101
clericô: verde, 73
Club Soda, 34, 99, 232
coco, 96, 160, 162, 165, 174, 178, 200, 202, 217, 221; abrindo o coco seco, 160; gordura de, 200, 202; *ver também* leite de coco
coentro, 44, 48-9, 95-6, 130, 156, 162, 165, 200, 202, 230, 242
cogumelos, 120-1; champignon, 121; cogumelos-de-paris, 121; eryinguis, 121; portobelos, 121; shiitakes, 121; shimejis, 121
Coldplay, 70
Cole, Natalie, 200
colheres: colher de pau, 109, 179, 218, 259, 272, 275
cominho, 43, 112, 156, 244-5, 276, 282
concha de sopa, 132
congelador, 27, 38-9, 62-3, 73, 83, 86, 101, 107, 117, 145, 218-9, 247, 262
conhaque, 55, 71, 73, 103
conservas, 71, 155-6, 169, 171, 175, 206
consumo consciente, 83; *ver também* meio ambiente
Conte, Nicola, 89
Conte, Paolo, 291
"**Conto de Areia**" (Clara Nunes), 241
copos, 32, 232
cordeiro, 43, 96-7, 227, 248, 249, 275, 282
costela de porco, 97, 117, 254, 275
couve, 107
coxas *ver* frango
coxinha de frango, 254
Cozinha de Estar (Rita Lobo), 202
cravo-da-índia, 88, 112, 141, 177, 228, 234, 250, 253, 272; em pó, 218
"**Creator has a masterplan, The**" (Brooklyn Funk Essentials), 133
Creedence Clearwater Revival, 267
creme de confeiteiro, 66-7, 71
creme de leite, 54, 93, 97, 115, 159, 213, 216, 298; *ver também* leite
creme inglês, 37, 251
crouton, 85
crudités, 105
Cruz, Arlindo, 40
"**Cuanta Suerte**" (Gecko Turner), 216
curry, 178-80, 183, 277; cremoso, 178
cuscuz, 42-6, 74, 108, 109, 112-3, 177, 191, 269; básico, 42; marroquino, 42-6, 74, 108-9, 112-3, 191; marroquino com grão-de-bico, 112; marroquino com legumes e especiarias, 43

D

Dadá (cozinheira baiana), 162
Daft Punk, 277, 280
damasco, 60, 122-3, 145, 254, 268
"Dancing with myself" (Nouvelle Vague), 179
Daskal, Marcia, 107
Dave Brubeck Quartet, 191
Deee-Lite, 103
dendê ver azeite de dendê
descascador, 92, 160, 279, 285
"Diamonds on the inside" (Ben Harper), 130
Dido, 285
"Diferente" (Gotan Project), 180
"Do For Love" (Sabrina Starke), 58
"Do you feel like I feel" (Gregory Porter), 89
doce de abóbora, 272
doce de leite, 62-3, 195; ver também leite
"Don't cha wanna ride" (Joss Stone), 183
Donato, João, 181, 203
drinques, 27, 34, 73, 99, 125, 174-5, 181, 221, 232

E

Eller, Cássia, 218
endro, 95, 97, 235
erva cidreira, 115
ervas, 90, 99, 130, 134, 153, 156, 234-5, 242, 256; na cozinha, 95-7; ver também ervas específicas
ervilhas, 29, 83-9, 92, 96, 101, 145; enlatadas, 86; frescas (congeladas), 85-9, 92, 96; ervilhas tortas, 83, 99, 101
eryinguis ver cogumelos
Escandinávia, 143
escorredor, 49, 103, 129, 141, 165
escumadeira, 40, 46, 58, 63, 101, 247
espaguete ver macarrão
Espanha, 127
espátula, 53, 60, 71, 179, 193, 204, 216, 219, 253, 256, 267, 293, 298
especiarias, 43-4, 52, 141, 171, 179, 204, 253, 268; ver também especiarias específicas
espinafre, 29, 56, 102-3, 293-4
estrogonofe, 61, 121

F

facas, 49, 53, 77, 107, 115, 130, 179, 186, 196, 200, 228, 247, 275, 285, 298
Farinaci, Antonio, 73, 99, 145
farinha: de centeio, 286; de mandioca, 165, 203; de rosca, 244, 245, 261; de trigo, 53, 63, 69, 108-9, 136, 189, 192-3, 196, 204, 212, 216, 218, 253, 258-9, 286, 293, 297; integral, 286
farofa, 133, 136, 165, 203; de banana, 203, farofinha de dendê, 165
"Feels like fire" (Dido), 285
feijão, 125, 130, 180, 213, 227, 238, 241-3; branco, 241; caldo de, 242-3; caseiro, 241; feijão-carioquinha, 241-2; feijão-fradinho, 238; feijão-preto, 242
fermento, 217; biológico, 189, 286; em pó, 53, 63, 69, 192, 216-7, 218, 253; 297
Ferry, Bryan, 268
feta ver queijos
"Fever" (Charles e Cole), 200
"Fields of gold" (Sting), 253
figo, 35, 90, 95, 186, 236
filme plástico, 58, 66, 117, 136, 179, 213, 215-6, 218, 244, 250
Fitzgerald, Ella, 171
"Flagra" (Rita Lee), 204
Fleetwood Mac, 275
flores, 29, 134, 227; flor de laranjeira, 192-3, 254, 272
focaccia, 97, 190-1, 221; de alecrim, 189
fôrmas, 66, 69, 107, 193, 253
forno, 28-31, 35, 37, 39, 49, 53, 58, 60, 66, 69, 77, 96, 101, 108, 125, 133-4, 136, 139, 160, 190-3, 196, 204, 213-4, 216, 218-9, 236-7, 247-8, 253-4, 266, 268, 276, 286, 289-90, 295, 297
fraldinha ver carnes
França, 121, 180
frango, 43, 86, 97, 108-9, 111, 118, 125, 178-9, 200-1, 203, 244, 254, 268, 282; assado, 97, 282; coxa de, 268; filés de, 108, 179, 200; grelhado, 97, 111, 125, 178-9, 200-1, 279; grelhado ao curry, 179; peito de, 108, 200, 254; peito de frango com molho de laranja, 108-9
frigideira, 35, 40, 44, 49, 58, 77, 86, 92, 96-7, 103, 108-9, 111, 165, 172, 179, 184, 200, 214, 241, 244, 254, 256, 262, 264, 266, 275, 281-2, 290, 293-4
frutas, 35, 54, 56, 59, 60, 67, 73, 75, 84, 96, 115, 125, 130, 159, 175, 186-7, 221, 254, 275, 279, 282; salada de frutas, 54, 56, 115; salgadas, 186; secas, 60; vermelhas, 275; ver também frutas específicas
Fundo de Quintal, 242

G

Gainsbourg, Serge, 254
ganache de laranja, 297-8
garfos, 42, 46, 88, 112, 132, 180, 199, 214, 228, 230, 238, 244, 275, 277, 290, 294; garfão, 132, 153
gaspacho, 85
geladeira, 28, 37-9, 54, 66, 71, 73, 83-5, 90, 95, 101, 108, 118, 130, 136, 139, 141, 145, 151, 153-4, 159-60, 175, 177, 186, 194, 205, 212-3, 215, 216-8, 230, 241, 247, 250, 254, 258, 266, 279-80, 286, 298
geleias, 151, 171, 254, 268, 275, 279; amarelas, 254; de damasco, 123, 268; de damasco com laranja, 254; de frutas vermelhas, 275
gelo, 27, 34, 73, 99, 107, 125, 154, 159, 166, 174, 177, 181, 213, 232, 280
gemas, 37, 57, 66, 104, 139, 194, 209, 215-6, 280; ver também
ovos
gengibre, 43, 51, 107, 186, 204, 210, 218, 268, 279
gergelim, 42, 60, 113, 210
"Get Lucky" (Daft Punk), 277
Gil, Gilberto, 181
Gilberto, Bebel, 203
Gilberto, João, 250
gim, 73, 232
"Gipsy" (Fleetwood Mac), 275
girassol ver semente de girassol
glacê: de água de flor de laranjeira, 192
goiabada, 54, 195

"Golden Years" (David Bowie), 259
"Good Morning, Good Morning" (Beatles), 60
gordura, 54, 196, 200, 202, 206, 261, 266, 268, 275; de coco, 200, 202; hidrogenada, 54
gorgonzola ver queijos
Gotan Project, 180
granola, 59, 60, 74; básica, 60
grão-de-bico, 43-4, 46-7, 74, 96, 108, 112-3, 180, 276, 277; ver também homus
"Green Light" (John Legend), 107
gremolata, 118, 145
"Groove is in the heart" (Deee-Lite), 103

hambúrguer, 227, 261-5; cheeseburger, 266-7; malpassado, 264
"Harlem Shuffle" (Rolling Stones), 196
Harper, Ben, 130
Helou, Anissa, 43
Herchcovitch, Alexandre, 166, 280
Hidrosteril, 103
homus, 47, 113, 244; a jato, 113
Horta, Nina, 126
hortelã, 42, 49, 85, 88-9, 92-3, 95-6, 98-9, 105, 115, 130, 142-3, 145, 172, 235, 275

"I see a different you" (Koop), 298
"I'll never fall in love again" (Dionne Warwick), 272
"I've got you under my skin" (Frank Sinatra), 237
Idol, Billy, 179
Incognito, 46
Índia, 141
Inglaterra, 289
INXS, 287
iogurte, 48-9, 59, 84, 97, 105, 192-3, 200-2, 209, 213-4
irish coffee, 125
Israel, 246
Itália, 89, 121

"Jacksoul brasileiro" (Lenine), 294
Jamaica, 171
jantar, 28, 35, 42, 51, 56, 73, 84, 104-5, 126, 151, 169, 194, 227, 234-5, 250, 269
"Johnny B. Goode" (Chuck Berry), 31
Johnson, Jack, 36
Jones, Norah, 141
Jorge, Seu, 177
Jovem Guarda, 65

King, B.B., 92
Kings of Convenience, 112
Kline, Kevin, 291
Koop, 298

Lady Gaga, 122
"Lady is a tramp, The" (Bennett e Gaga), 122
laranja, 48-9, 73, 96-7, 108, 130, 141, 145, 172, 192-3, 204, 221, 227, 232, 254, 297-8
laranjas, 130

lasanha, 83, 259, 290-1; de berinjela com salada de tomatinho, 290
Lee, Rita, 204
Legend, John, 107, 235
legumes, 29, 31, 43-6, 53, 85-6, 92, 96, 105, 112, 121-2, 133-4, 136-9, 153-4, 160, 177-9, 234, 247-9, 269, 275, 279, 285; palitinhos de, 105; vermelhos, 248; ver também caldo de legumes
leite, 31, 37, 39, 54, 59, 62-3, 66, 69, 101, 141, 151, 199, 204, 214-5, 227, 247, 259, 271, 290, 293; condensado, 62, 141, 159, 215, 271; ver também creme de leite; doce de leite
leite de coco, 96, 160-5, 174, 178, 221; de verdade, 160
Lenine, 294
lentilha, 44, 95-6, 180
Líbano, 246
licor, 73; de amêndoas, 31, 34; de café, 55; de chocolate, 54; de laranja, 34, 55, 115, 172, 192-3, 221
Lima, Marina, 193
limão, 40, 42, 44, 48, 77, 90, 97, 99, 112-3, 122, 125, 127, 145, 156, 162, 165, 169, 172, 178-9, 186, 206, 208, 238, 244-5, 254, 280; raspas de limão, 49, 112, 118, 123, 145, 172, 282; siciliano, 118, 206, 232
linguado, 42
linguiças, 97
liquidificador, 37, 69, 85, 107, 159-60, 186, 202, 238, 242, 245, 259, 293, 297
"Little piece of my life, A" (Mario Biondi), 190
lixo orgânico, 83
lombo, 38, 57-8, 101, 238, 247, 282
London, Julie, 129
"Lose yourself to dance" (Daft Punk), 280
louro, 88-9, 177, 180, 228, 234, 241, 256, 277
"Lugar Comum" (Joyce Moreno), 181
Lunardelli, Helena, 95
luvas cirúrgicas, 244

mac'n'cheese, 31, 74
maçã, 60, 73, 96-7, 186; fuji, 97, 107, 178
macarrão, 28-31, 41, 92-3, 95, 118, 123, 125, 129, 132-3, 139, 145, 165, 194, 218, 256, 259; alla primavera, 29; carbonara, 194; espaguete, 40, 41, 93, 132; ninhos de, 132; orecchiette, 92; pennette, 129; talharim, 132-3
Maia, Amanda, 162
maionese, 166, 209, 280-1; caseira, 227, 280
"Mamãe passou açúcar em mim" (Wilson Simonal), 184
mamão, 66, 71; papaia, 59
mandolim (fatiador), 49, 77, 121, 282, 285, 290
manga, 73, 186-7, 210, 221, 279
manjericão, 90, 95, 126-7, 129, 130, 184, 236-7, 256, 257, 290-1
manteiga, 35, 37, 39, 53, 57, 63, 66, 69, 71, 89, 92, 96-7, 121, 125, 136, 151, 172, 184, 192-3, 198-9, 203-5, 212-3, 216, 218-9, 235, 249, 253, 258-9, 271, 281-2, 286, 293, 297
maracujá, 159, 181, 221
marinada, 108-9, 153-4, 200
"Marrakech" (Incognito), 46

Marrakesh, 25, 43, 74
Marrocos, 142, 268
marron glacé, 71
Mart'nália, 165
"Mashed potato time" (Dee Dee Sharp), 199
massas, 69, 92, 118, 132, 218, 259; massa à parisiense, 93
McDonald's, 261
meio ambiente, 143; *ver também* consumo consciente
mel, 54-5, 60, 189, 195, 204, 209, 236, 244-5, 253
melaço: de cana, 218, 286; de romã, 244-5
melancia, 107, 115
melão, 227; orange, 285
Mendes, Priscila, 289
"Menino das Laranjas" (Elis Regina), 108
micro-ondas, 53, 57, 125, 205, 271, 298
Microplane, ralador, 125
"Misread" (Kings of Convenience), 112
missô, 210
mojito, 99, 145; perfumado, 99
molhos, 31, 186, 206, 258, 275; balsâmico, 35; balsâmico e limão, 208; bechamel, 101, 247, 258-9; bolonhesa, 96, 259; branco, 258-9, 293, 295; Caesar, 209; de geleia, 275; de iogurte, 200-1; de laranja, 108-11; de pimenta, 169, 171, 202, 210, 243; de pimentão, 244-5, 247; de tahine, 42; de tomate, 96-7, 257, 279; de vinho para carnes, 249; empelotado (como resolver), 259; holandês, 56-8, 74; inglês, 206; mel e mostarda, 209; molho cremoso, 209; molho oriental de gergelim, 210; molho oriental de missô, 210; molho rústico de tomate, 153-5, 256-7; para saladas, 206-10; tarator, 96; vinagrete, 186, 206, 210, 221; *ver também* vinagrete
moqueca, 143, 162-5, 203, 221
Moraes, Vinicius de, 154, 238
Moreno, Joyce, 181
mostarda, 171, 202, 209, 279-80; de Dijon, 155, 206, 208-9, 280
muçarela de búfala, 90
musse, 159; de batida, 159; de maracujá com cardamomo, 159
"My baby just cares for me" (Nina Simone), 279

Naim, Yael, 246
naked cake, 66-71
Negroni (drinque), 232
"New Soul" (Yael Naim), 246
Nicks, Steve, 275
ninho de macarrão *ver* macarrão
"No habrá nadie en el mundo" (Concha Buika), 127
Nouvelle Vague, 179
nozes, 35, 48-9, 95, 127, 244-5, 295
noz-moscada, 31, 39, 77, 183, 199, 204, 213-4, 218, 253, 259
Nunes, Clara, 241

óleo, 40, 58, 60, 62-4, 77, 95, 97, 99, 156, 169, 180, 189, 202, 206, 209-10, 277, 280, 282, 293, 297; de canola, 63, 293; de coco, 200; de gergelim, 202, 210; *ver também* azeite
orecchiette, 145; com ervilha fresca e bacon, 92

orégano, 153, 256
ovos, 31, 37, 53, 56-8, 61, 63, 69, 136, 192-4, 203-4, 213-4, 216, 218, 253, 261, 280, 290, 293, 297; ovo cozido, 61, 194; ovo frito, 104; ovo mole e tiras de pão, 194; ovo poché, 56-8; ovo quente, 61

"P.D.A. we just don't care" (John Legend), 235
palito, 69, 71, 166, 174, 193, 297
panelas: de barro, 165; de pressão, 62, 83, 88, 154, 228, 241
Panelinha (site), 35, 107, 122, 125
Panelinha no Rádio (programa), 99, 280, 289
"Panic" (The Smiths), 85
pano de prato, 49, 85, 120, 160, 171, 186, 189, 285-6, 297
panquecas, 259; de ricota, 293-5
pão, 36-7, 58, 61, 77, 85, 151, 155, 186, 189, 194, 205, 221, 236, 244-5, 261, 266, 287, 289; australiano, 286; baguete, 236-7, 289; com fermentação natural, 104, 194; de fôrma, 77; de mel, 204-5, 221; francês, 37, 153; *pan con tomate*, 289; pão-de-ló, 217; sírio, 186, 244
papel de seda, 184
papel-alumínio, 40, 153-54, 179, 200, 214, 248
papel-manteiga, 69, 204, 219, 253
papel-toalha, 63, 244, 282
páprica, 58, 112-3, 200, 268, 282
parmesão *ver* queijos
"Partido Alto" (Pierre Vassiliv), 48
pasta de gergelim *ver* tahine
pasta de pimentão, 244, 247
pasta de soja *ver* missô, 210
"Pato, O" (João Gilberto), 250
"Pato, O" (Zeca Pagodinho), 154
peito *ver* frango
peixes, 38, 39, 42, 44, 48-9, 56, 86, 96-7, 118, 121, 125, 127, 130, 143, 186, 202-3, 244, 246-7, 282; com tahine, 42; *ver também* peixes específicos
peneira, 39, 44, 53, 66, 69, 107, 109, 127, 130, 141, 159, 165, 177, 179-80, 186, 193, 215, 231, 234, 238, 253, 275, 277, 294
pennette: com tapenade, 129; *ver também* macarrão
pepino, 48-9, 97, 105, 155, 206
pera, 34-5, 73, 90, 184; miniperas, 184, 221
Perfume de Mulher (filme), 257
pescada, 42, 48
picanha, 96, 196, 221; assada com sal grosso, 196
pilão, 53, 133, 141, 153, 159, 179, 200
pimenta: calabresa, 133; cambuci, 169; dedo-de-moça, 169, 186, 247; pimenta-de-cheiro, 162, 165, 169; pimenta-do-reino, 30-1, 39-41, 46, 49, 57, 77, 85, 88, 90, 92, 97, 101-3, 105, 108-9, 121-2, 126, 130, 136, 139, 153, 177, 183, 186, 191, 194, 196, 203, 206, 213-4, 230-1, 234-8, 242, 244-5, 247-9, 256-7, 259, 266, 268, 275-6, 280, 282, 285, 289-90, 294; pimenta-malagueta, 156; pimenta-síria, 48, 49; síria, 171
pimentão, 136-9, 154, 156, 162-5, 241-2, 244-7, 279; amarelo, 136; verde, 162; vermelho, 153, 241-2, 244, 247, 279
piña colada, 174-5, 221
pinça, 30, 62, 108, 171

pincel, 69, 71
pipoca, 85, 113
pires, 115
pistache, 60, 141
Pitadas (blog), 99, 170
Pizzarelli, John, 159
"Ponta de Areia" (Esperanza Spalding), 214
"Por una cabeza" (Tango Project), 257
porco, 96-7, 243, 254, 282
porta-copos: de crochê, 162
porta-temperos, 170
Porter, Gregory, 89
Powell, Baden, 238
pratos, 32; de ágata, 162; prato de bolo, 162, 170; ver também aparelho de jantar
Presley, Elvis, 271
presunto, 35, 90, 93, 95, 227, 236, 285
processador, 49, 69, 86, 95, 113, 153, 186, 202, 209-10, 256
"Proud Mary" (Creedence Clearwater Revival), 267
pudim de pão, 36-7
Puppini Sisters, 85
purê, 38-9, 86, 95, 108, 109, 186, 199; de abóbora, 183; de batatas, 38, 95, 108-9, 199; ultracremoso, 198

Quando Katie Cozinha (livro), 125
queijos: branco, 59; brasileiros, 195; da Serra da Canastra, 195; de cabra, 90, 207; feta, 44, 207, 234-5; fresco, 134; gorgonzola, 34-5, 90; meia cura, 122, 123, 145, 212, 213, 214; muçarela de búfala, 90; parmesão, 31, 89-90, 92, 95, 121, 129, 209, 235, 290-1, 295; pecorino, 95; provolone, 175; queijo prato, 266-7; ralado, 92, 214; roquefort, 35
"Quelqu'un m'a dit" (Carla Bruni), 121
"Qui c'est celui-là" (Pierre Vassiliu), 48
quibe, 48-9, 191, 264; cru, 191; de peixe, 48-9
quiche, 123, 145, 212-4, 221

rabanete, 105
Rae, Corinne Bailey, 172
raspas de limão *ver* limão
Red Hot Chili Peppers, 169
refratário, 28, 31, 35, 42, 108, 159, 217, 268, 271, 290, 295
refrigerante, 62, 73
Regina, Elis, 108, 245
"Rehab" (Amy Winehouse), 230
Reis, Nando, 218
repolho, 247
ricota, 74, 77, 183-4, 191, 221, 290, 293-4; com minipera grelhada, 184
"Riding with the king" (King e Clapton), 92
risoto, 25, 35, 83, 88-90, 92, 122, 125, 145, 177, 191, 234-5; de beterraba com feta e ervas, 234; de damasco, queijo meia cura e limão, 122; de ervilha e hortelã, 88
"Ritmo da Chuva" (Takai e Amarante), 65
Rolling Stones, 52, 196
roquefort *ver* queijos
rosbife, 279
roux, 178-9, 258-9
rum, 55, 99, 102-3, 174, 215, 293-4
Ryan, Meg, 291

"'S Wonderful" (Julie London), 129
sagu, 250; de vinho, 250
sal, 30-1, 39-42, 44, 46, 48-9, 57-8, 60, 63, 77, 85, 88, 92, 97, 101-3, 105, 108-9, 112-3, 118, 121-2, 126, 129-30, 133, 136, 139, 141, 153, 156, 162, 165, 169, 179-80, 183, 186, 189, 191-4, 199-203, 209-10, 212-4, 218, 230-1, 235-8, 241-2, 244-5, 247-9, 256-7, 259, 262, 266, 268, 275-7, 279-82, 285-6, 289-90, 293-4; grosso, 105, 190, 196, 221, 262; marinho, 90, 206, 208, 282; no hamburguer, 262
saladas, 35, 42, 44, 47, 48-9, 54, 84, 92, 95-7, 113, 115, 121, 123, 125, 130, 134, 145, 153, 156, 186, 191, 206-10, 228, 238, 261, 279, 285; de cogumelos-de-paris fresco, 121; de feijão-fradinho e bacalhau, 238; de folhas verdes, 206; de frutas, 54, 115; de frutas com tangerina, 115; de laranja com azeitona e cebola roxa, 130; de melão orange, 285; de pepino, 48; de tomatinhos, 290; molhos para, 206-10; "quase mexicana", 156
salmão, 57, 97, 212-4
salpicão, 186
salsa, 58, 230, 242, 295
salsão, 43, 44, 88-9, 105, 121, 153-4, 177, 228, 234, 256
salsinha, 44, 95, 118, 130, 156, 207, 209, 230, 238, 241, 280-1, 295
sálvia, 95, 97
sanduíches, 95, 154-5; de carne desfiada, 155
Santana, Carlos, 285
sardela, 244
Schweppes Citrus, 73
"Segundo sol, O" (Cássia Eller), 218
Sem Reservas (filme), 291
semente de girassol, 60
Shankar, Anoushka, 141
Shankar, Ravi, 141
Sharp, Dee Dee, 199
shiitakes ver cogumelos
shimejis ver cogumelos
shoyu, 99, 127, 210
Simonal, Wilson, 184
Simone, Nina, 279
Simoninha, Wilson, 139
Sinatra, Frank,
Smiths, The, 85
sobremesas, 27, 35, 51, 54, 63, 115, 117, 141, 151, 159, 172, 184, 195, 215, 250, 282, 297-8
solução desinfetante, 294
sopas, 83, 92, 118, 191; sopa fria, 83-4, 145; sopa fria de ervilha fresca com hortelã, 85
sorvete, 35, 117, 172; de chá verde, 117; de creme, 35, 54, 117, 172
Spalding, Esperanza, 214
Starke, Sabrina, 58
Steingarten, Jeffrey, 262
Sting, 253
Stone, Joss, 183
sucos: de abacaxi, 174; de laranja, 108, 193; de limão, 77, 127, 206; de maracujá, 159; de tangerina, 96, 115; verde, 107
suflê, 54
"Sun won't set, The" (Jones e Shankar), 141

Surpresas do Coração (filme), 291
"Sweet about me" (Gabriela Cilmi), 289

T

tabule, 95
tagine de frango com damasco, 268
tahine, 42, 113
Takai, Fernanda, 65
"Take Five" (Dave Brubeck Quartet), 191
talharim verde com brócolis apimentado e amendoim, 133; *ver também* macarrão
talheres, 132
tangerina, 96, 115
Tango Project, 257
tapenade, 127, 129, 145; vegetariana, 127
tartar, 97
temperos, 92, 103, 109, 118, 126, 153, 165, 170, 177, 179, 206, 249, 257, 275; a jato, 254; *ver também* ervas
Timbalada, 193
tomate, 43-4, 90, 95, 136, 153-4, 156, 162, 165, 230, 236-8, 247, 256, 257, 289-91; como cortar em cubinhos, 237; italiano, 43; sweet grape, 136, 290; tomate-cereja, 136, 238, 256
tomilho, 95-6, 139, 153, 196, 242
Toquinho, 154
torradas, 57-9, 77, 127, 186, 228, 236-7; *ver também* pão
tortas, 58, 83, 86, 134, 136, 139, 212-4; torta rústica ratatouille, 136
travessas, 25, 32
"3 Rs" (Jack Johnson), 36
trigo fino, 48-9; *ver também* farinha de trigo
Trio Mocotó, 238
"Tropicana" (Alceu Valença), 115
Turner, Gecko, 216

U

U2, 237
uísque, 73, 125
"Underneath the mango tree" (Cibelle), 187
uvas, 27, 37, 60, 102-3, 253, 279, 293-4; uva Thompson, 27; uvas-passas, 37, 60, 102-3, 253, 279, 293-4; verdes, 27

V

"Vacilão" (Badi Assad), 177
vagem, 46, 101; holandesa, 46
Valença, Alceu, 115
Vassiliu, Pierre, 48
"Vendedor de bananas, O" (Jorge Ben Jor), 282
"Venus as a boy" (Corinne Bailey Rae), 172
verduras, 29
vermute, 232
"Versos fáceis" (Wilson Simoninha), 139
"Via con me" (Paolo Conte), 291
vichyssoise, 85
vidros: esterilização dos, 171
vinagre, 57, 103, 107, 130, 133, 156, 187, 230, 280, 294; balsâmico, 208, 249; de arroz, 210; de cidra, 210; de vinho branco, 187, 200, 206, 209, 279
vinagrete, 187, 206; básico, 206-7; de chutney de manga, 210; de manga, 187, 221; de shoyu, 210; mediterrâneo, 207
vinho, 73; branco, 27, 88, 97, 104, 122, 126, 134, 200, 268; do Porto, 34-7, 73-4, 221, 231, 253; rosé, 127; tinto, 153, 187, 235, 249-50; verde, 73
"Viva la Vida" (Coldplay), 70
"Vou deitar e rolar" (Elis Regina), 245
Vox, Bono, 237

W

Warwick, Dionne, 272
whiskey sour, 125
White, Barry, 190
Winehouse, Amy, 230
Wonder, Stevie, 171

X Y Z

xícaras, 231, 242

"You are the sunshine of my life" (Fitzgerald e Wonder), 171

Zambujo, António, 39
Zeca Pagodinho, 40, 154
"Zephyr song, The" (Red Hot Chili Peppers), 169
Zetta Jones, Catherine, 291
"Zorro" (António Zambujo), 39

SOBRE A AUTORA

RITA LOBO é diretora do Panelinha, que começou em 2000 como site de receitas e hoje é também editora de livros, produtora de TV e canal no YouTube.
Como autora best seller, publicou os livros *Panelinha, receitas que funcionam*, *Cozinha de Estar*, *O Que Tem na Geladeira?* e *Cozinha Prática* – este último, originado do programa *Cozinha Prática com Rita Lobo*, criado, apresentado e produzido por Rita no canal a cabo GNT.

Como publisher da Editora Panelinha, Rita editou livros de autores brasileiros e estrangeiros, entre eles, *Pão Nosso*, de Luiz Américo Camargo.

No YouTube, Rita apresenta e produz webséries, entre elas *O Que Tem na Geladeira?*, *Em uma panela só* e *Comida de Verdade*, uma parceria do Panelinha com o NUPENS/USP, Núcleo de Pesquisa Epidemiológicas da Faculdade de Saúde Pública da Universidade de São Paulo, com o apoio da Sociedade Brasileira de Cardiologia.

Fotografe e compartilhe o livro nas redes sociais.
Quer marcar a gente?

FACEBOOK Rita Lobo e Panelinha
INSTAGRAM @ritalobo e @editorapanelinha
TWITTER @ritalobo e @panelinha
#ReceitasqueFuncionam #ReceitaPanelinha